평화를 찾아 달려서 바티칸으로 2

평화를 찾아 달려서 바티칸으로 2

강 명 구 지음

열린서원

내 마음속의 불씨 하나

언제부터인지 모른다. 내 가슴에 조그만 불씨 하나 날아든 것이. 어디서 왔는지도 모른다. 아마도 시집간 딸 하나 남겨놓고 어린 다섯 아들 북어 엮듯이 엮어 손잡고 피난 내려와 돌아가실 때까지 다시는 고향 땅을 밟아보지 못한 내 할머니의 한숨에서 날아왔는지. 아니면 고향에 두고 온 내 어머니보다도 더 그리웠을 아버지의 첫사랑의 고개 숙인 그림자로부터 인지도 모른다. 혹시 그것은 한반도 구석구석 어디에도 민들레 홀씨처럼 날아다니는 것인지 모른다.

내 가슴 속에서 그리 오래 절인 배추처럼 돌덩이에 눌려있던 것이 이제야 움찔거리는 것도 이상하다. 한 가지 확실한 것은 재 속에서 불씨로 숨죽이던 그 염원이 달리면서 일어나는 바람에 불꽃같이 살아나는 것이 느껴진다.

어느 날 마음을 열고 내 가슴 속의 불씨를 보여주었더니 그 사람도 가슴에 그런 불씨가 있다는 말이다. 불씨는 불씨와 만나 불꽃으로 피어난다. 아직은 작고 부끄러운 꽃망울에 불과하지만, 서로의 가슴

속에 품었던 통일의 불씨를 꺼내 이어버리면 누구도 막지 못할 통일의 불길이 될 것이다.

내 마음에도 있고 너의 마음에도 있는 통일의 소망이 활활 타오르도록 달리면서 풀무질을 한다. 도공이 정성껏 빚은 흙을 불가마 속에 넣고 1,300도의 푸른 불꽃이 일어나도록 온 정성을 다해 풀무질하듯 통일의 불꽃을 일으켜본다. 흙은 어디에나 널려있다. 통일의 염원도 어디에나 널려있는지 모른다.

어디에도 있는 흙을 빚어 도자기가 완성되려면 수십 차례 정성스러운 과정을 거쳐야 한다. 명품 통일을 이루기 위해서는 수십 번도 더 불구덩이 같은 고통과 고난에 들어갔다 나와야 할지 모른다. 그럼에도 불구하고 우리가 평화통일을 이루기 위한 노력을 지속해서 하여야 하는 이유는 우리가 안고 있는 수많은 부조리와 모순 불공정의 대부분이 남북분단으로부터 오기 때문이다.

현대의학의 가장 큰 오류는 환자보다는 질병에 매달려 왔기 때문이다. 우리 몸은 우주와 같은 것이어서 온몸의 기관과 세포가 서로 얽혀서 연결되어 있다. 아무리 과학이 발달하여도 우주를 0.1%도 알지 못하듯이 현대의학은 인체를 0.1%도 알지 못한다. 현대의학이 원인치료를 외면하고 증상치료에만 매달려 왔지만 고칠 수 있는 병은 별로 많지 않다. 병균 침투를 제외한 모든 질병은 유전자의 변질로 생기는 데 삶의 방식을 바꾸고 생활습관을 바꾸면 유전자가 원래의 상태로 돌아가 질병이 치유된다고 한다.

한반도의 휴전선은 유전자 변이이다. 한반도가 앓고 있는 모든 병의 원인은 휴전선으로 말미암은 것이다. 통일 운동의 가장 큰 오류도 어떤 하나의 현상에 일희일비하면서 또 다른 분열과 갈등을 양산하는 악순환에 있다. 남북평화통일을 이룩하면 지금 우리가 안고 있는 거의 모든 부조리와 모순 그리고 불공정으로부터 자유로워질 것이다.

지금 우리가 겪고 있는 불의와 일일이 대응하기보다는 전체를 아우르고 통합하고 소통하는 통일운동이 절실하지 않을까 생각한다. 휴전선을 걷어내고 건강한 사람 몸에서 혈액순환이 활발하게 이루어지듯이 사람들이 남북을 자유롭게 오간다면 한반도는 바로 건강을 되찾을 것이다.

명품 도자기를 만드는 일은 어느 것 하나 소홀히 할 수 없겠지만 가장 중요한 것은 불 때기이다. 명품 평화통일을 이루어내는 일에도 불을 때는 일이 중요하다. 가슴에서 살아나는 작은 불씨, 통일의 의지를 횃불에 담아 전 미주 동포가 손에서 손으로 횃불을 이어주면서 마음에서 마음으로 전달한다. 우리는 그을음이 나지 않는 푸른 불꽃이 일어나 춤을 출 때까지 온 정성으로 풀무질을 하여야 한다.

불은 사람의 마음을 따뜻하게 하는 영혼이 있는 생명이다. 불을 자신 안에 담은 사람만이 다시 그 불로 다른 사람을 타오르게 할 수 있다.

지난 2015년 9월에 나의 모든 것을 건 '아시럽'(유라시아)횡단에 성공하였다. 인간의 한계에 도전한 목적은 성공하였지만 북한을 통과하여 할아버지 묘소에 성묘하고 판문점으로 내려오는 것은 실패하였다. 정신적으로 좌절하였고, 뇌경색마저 덮쳐 육체적으로 좌절하여 드러누웠다. 그러다 내 안에 불씨가 꺼지지 않은 것을 알아차렸다.

반신불수의 몸이지만 드러누워 있어야 만 될 완전 불구는 아니었다.
불편하고 느리지만 불꽃을 살리고 싶은 의지가 불탔다.

　가만히 명상에 잠겼다. 명상 속에서 길을 모색했다. 현 시점에서
가장 영향력이 있는 사람이 누구일까? 한반도의 통일 문제는 정치인이
풀만큼 단순한 문제가 아니었다. 그때 머리에 떠오른 분이 교황님
이다. 교황님이 우리의 질곡의 상징인 '판문점'에 오셔서 평화의 미
사를 집전하신다면 그건 통일 역사의 변곡점이 될 것이 확실하다는
생각이 들었다.

차례

몬테네그로

크로아티아

이탈리아

방글라데시

37 태초의 카오스로 뛰어들다

오직 혼돈만이 존재하는 태초의 우주에 내던져진 것 같다. 나는 여행자요, 평화운 동가지만 기본적으로 모험가이다. 어디에 있을지 모르는 평화의 길로 들어서는 동굴의 입구를 찾아 나선 사람이다.

낯선 길 위에 나서는 것은 두려움의 바다에 풍덩 뛰어
드는 것이다. 알 수 없는 깊이의 소음과 혼잡과 무질
서, 알 수 없는 넓이의 썩은 냄새와 먼지와 안개. 소음
속에서 울려오는 아잔의 성스러운 소리는 소음의 깊이를 더해줄 뿐
이다. 먼지와 뒤섞인 안개는 태양이 떠올라도 가시지 않고 몇 날 며
칠을 지내도 회색빛 허공만 보인다. 습하고 으스스한 날씨마저도 몸
을 움츠러들게 한다.

역주행과 순행이 뒤섞여 서로 길을 막고, 가녀린 다리로 뚱보 둘
을 태우고 릭샤 페달을 밟는 소년이나, 벽돌을 터무니없이 높이 쌓아
실고 불완전연소 된 시꺼먼 매연을 뿜으면서 달리는 경운기나, 큰 포
댓자루를 두 개나 머리에 이고 서커스 단원처럼 가는 할아버지나, 부
서지고, 이미 폐차 처리된 차를 사 와서 구부러진 것을 펴고 붙이고
고쳐서 거의 깡통이나 다름없는 것에 사람을 가득 태운 버스나, 삶의
무게는 힘겹기만 할 텐데 행복지수가 세계에서 제일 높다니 그거 누
가 조사했나 알고 싶다.

오직 혼돈만이 존재하는 태초의 우주에 내던져진 것 같다. 나는
여행자요, 평화운동가지만 기본적으로 모험가이다. 어디에 있을지
모르는 평화의 길로 들어서는 동굴의 입구를 찾아 나선 사람이다. 인
간은 운명적으로 카오스의 짙은 그늘을 벗어나지 못하는 존재인 줄
알면서, 나는 모험가로서 길 위에 나섰으면서 순간순간 인간다운 안
락한 삶을 그리워한다.

아기는 낯선 사람을 보면 불안해서 운다. 생명이 안정돼 있지 않기

때문이다. 인간은 불안정함 속에서 불안하게 태어났으니 불안을 숙명처럼 동반하고 살아가는 것이다. 그런데도 낯선 환경 속에 뛰어들고 보니 불안한 토끼 가슴이 된다. 사람들이 호기심과 친근감을 가지고 우르르 달려들면 나는 두려움이 엄습한다. 혹시 그중에 한 사람이 내 물건을 탐내면 낭패스러운 일이 벌어지기 때문이다. 짐은 줄이고 줄여서 생명 활동에 필요한 것만 가지고 있기 때문이다.

무질서나 위생의 문제는 다른 형태의 낯섦에 불과하다. 살아가는 건 경험의 축적이다. 인간은 환경에 적응하고 또 그것을 극복하면서 삶을 이어왔다. 방글라데시는 분명 이방인에게 무질서하고 위생 수준이 말도 안 되는 수준처럼 느껴지지만, 매일매일 그들의 생활방식대로 살아오면서 그 기나긴 역사를 이어왔다. 내가 눈으로 보는 것은 자연환경에 순응하고 개선하면서 살아가는 삶의 또 다른 유형의 형태일 뿐이다. 우리의 기준으로 상대방 나라의 삶의 방식을 두고 왈가왈부하는 건 이방인으로서 여행가로서 모험가로서 옳지 않다.

태초의 신 가이아가 카오스로부터 스스로 태어나듯 나도 이 혼돈의 세계에 들어온 김에 새로운 나로 스스로 태어났으면 좋겠다. 길 위를 달리면 어느덧 가슴이 따뜻해진다. 두려움의 안개는 가시고 친근감과 호기심이 태양처럼 떠오른다. 그것이 평화이다. 서로 친근감과 호기심을 가지고 다가서는 일, 서로의 거리를 좁히는 일 말이다.

앗살람 알라이쿰, '신의 평화가 그대에게'라는 이슬람 문화권의 아랍어 인사말로 조심스레 인사를 건네면 히잡을 쓴 여인에게서 히잡 안에서 수줍은 미소가 흐르고 있는 것을 알 수 있다. 이방인이 신기하고 호기심 어린 미소이리라! 그러다 기대를 조금도 안 한 행운이 닥치기도 한다, 부르카로 온몸을 가리고 눈만 보이는 아가씨들이 먼저 "안녕하세요!"라고 한국말로 인사를 건네면서 친근감과 호기심을 가지고 인사를 건네며 손까지 내민다.

이럴 때 나는 굳었던 몸과 마음이 일순간 이완된다. 아주 잠깐이지만 그렇게 체온을 느끼고 가까이서 숨결이 느껴지는 순간 세상의 모든 혼돈은 사라지고 태초의 질서가 생겨난다. 그렇다! 이것이 나를 두려움의 두꺼운 옷을 벗어 버리고 불결한 잠자리와 비위생적인 음식을 먹어가며 지치고, 경련이 나고, 빠진 발톱으로 고통을 참으면서 절름거리는 다리를 질질 끌면서도 길 위에 나서는 이유이다.

말이 고속도로지 차의 속도는 우리나라의 논둑길보다도 안 나올 것이다. 그런데 갑자기 고속도로에서의 속도로 질주하던 버스에서 '꽝' 하는 폭발음과 파편이 튀어 내 머리를 때린다. 순간 본능적으로 주저앉았지만, 머리에 파편을 맞은 다음이었다. 중심을 잃은 버스는 좌우로 뒤뚱거리며 브레이크 잡는 소리와 함께 저만큼에서 간신히 중심을 잡고 세워졌다. 다행이다. 내 머리에 날아든 것은 바퀴의 조그만 고무 조각이었다. 참으로 다행이다. 그 많은 버스 승객이 길 위로 놀란 가슴을 쓸어내리며 쏟아져 나온다.

세계에서 가장 인구 밀도가 높으면서 믿어지지는 않지만 행복지수가 가장 높은 나라 가운데 하나이다. 방글라데시는 동벵골의 대부분 지역과 갠지스강 빛 프라마프트라강과 메그나강 등 3개의 큰 강이 낮고 평평하고 비옥한 평야를 가로지르며 삼각주로 이루어진 나라이다.

매년 비옥한 침전토가 25톤이나 되는 강물을 따라 떠 내려와 새로운 섬을 이루기도 하고 농토를 비옥하게 한다. 침전토는 하늘이 선사한 농업 순환의 귀중한 자원이다. 사람들은 우기가 되어 이 비옥한 침전토에 다시 침수되기 전에 재빨리 곡물을 재배한다.

이런 자연환경은 축복이면서 재앙이다. 저지대 대부분은 해발 몇 미터밖에 안 되는 지대이기 때문에 땅은 비옥하지만 홍수 피해가 잦다. 이 삼각주를 중심으로 해안 평야가 많은 방글라데시 같은 나라들은 물에 잠기게 되면 엄청난 파괴적인 결과를 가져올 수 있다. 기후변화로 북극의 얼음이 녹아 해수면이 올라가면 방글라데시의 국토 면적은 확 줄어들 위험이 있다.

그리 멀지 않은 미래에 해수면 상승이 급격히 일어날 가능성은 높다. 지구 온난화의 규모와 속도는 생태계의 급격한 변화를 몰고 올 가능성이 크다. 인류의 장기적인 생존을 위협하는 기후 위기는 빈곤한 인구 집단에 그 피해가 더욱 크다는 것이다. 그래서 전 인류가 협심해서 예방대책을 세워야 한다.

38 황홀한 금빛

내가 방글라데시에 와서 제일 만나고 싶었던 것은 '황홀한 금빛'이었다. 모든 것이 풍족하지 않지만, 기원전부터 시작한 문화의 보고, 순수한 사람들과 그들이 만드는 행복 에너지, 그 황홀한 금빛 에너지이다.

새벽 공기가 안개에 스며들어 공기는 비릿했다. 엷은 분홍빛 벚꽃 숲 같은 안개는 누구도 깨울 수 없는 깊은 잠처럼 곤했다. 그 깊은 안개 속으로 한 해가 저물고 다시 새로운 날들이 뚜벅뚜벅 다가온다. 우리가 모두 꾸었던 꿈들은 어디로 갔을까? 그 꿈에는 과연 다가가고 있는가? 지금 지구촌 곳곳에서는 군산복합체와 다국적 기업이 기획하는 비극적인 결말이 뻔한 또 다른 전쟁이 기운이 감지되고 있다.

우크라이나전이 끝나면 코소보가 될지 중동이 될지 대만해협이 될지 한반도가 될지 모르는 상황이다. 이런 상황에서 평화의 꿈조차 꾸지 못하고 걸어가야 하는 길이 더 서글픈 것이다. 해가 저물고 새로운 해가 떠오르는 이즈음, 우리는 어떻게 꿈을 찾을까?

꿈을 찾기 위해서는 미친 열정, 광기기 수반돼야만 히는 것이리라! 평화는 분명 길 위에 누워 있다. 평화를 실현하는 일은 길 위를 한 걸음씩 걸어가면서 길 위에 누워있는 평화를 하나씩 일으켜 세워 같이 어깨동무하며 걸어가는 일이다. 그리하여 수만 수백만 수천만이 평화와 함께 걸어가는 것이다.

서방 세계의 정치인들은 독립적인 인물이 아니다. 그들은 대기업, 로비스트, 군산복합체에 연결되어 있다. 돈 봉투는 사람들의 욕망을 자극하면서 법조계, 언론계는 물론 학계까지 사회의 엘리트 계층에 거미줄처럼 촘촘하게 옭아매었다. 경제가 사실은 정치, 군사를 포함한 국가 전반의 의사결정에 지대한 영향력을 행사하고 있다. 미국 정부 역시 국가와 세계를 지배하려는 다국적 기업의 꼭두각시에 지나지 않는다.

평화를 찾아가는 여정과 나를 찾아가는 여정이 다르지 않다. 가치관이 한참 형성되던 시절에 '너는 누구니? 도대체 어떻게 살고 싶니? 뭘 하고 싶니?'라는 질문을 던지는 스승을 만났더라면 하는 아쉬움, 그 아쉬움 때문에 내가 초로에 뇌경색으로 쓰러졌던 몸을 이끌고 거리를 방황하는 이유인지도 모른다.

죽을 때까지 한 번도 사용할 일이 없어 보이는 수학 공식을 암기하느라 진땀을 흘리고 열등감을 느낀 것은 아무리 생각해도 안타까울 따름이다. 열등감은 나무를 속으로 갉아 먹는 하얀 개미같이 나를 갉아먹었다. 그것보다는 차라리 산으로 들로 여행을 다녔으면 나는 지금 '황홀한 금빛'으로 빛나고 있지 않을까 생각해본다.

그렇다. 내가 방글라데시에 와서 제일 만나고 싶었던 것은 '황홀한 금빛'이었다. 모든 것이 풍족하지 않지만, 기원전부터 시작한 문화의 보고, 순수한 사람들과 그들이 만드는 행복 에너지, 그 황홀한 금빛 에너지이다. 그런데 안타깝게도 고속도로의 길 위에서는 혼잡과 무질서. 소음과 먼지와 안개 속에서는 그것을 찾을 수 없었다. 간혹 다가와서 손을 내미는 미소 속에서 볼 수 있을 뿐이다. 여행자들이 일부를 보고 마치 다 본 것처럼 혹평하면 방글라데시인은 억울할 것이다.

그러다 순간 깨달음을 얻는다. '삶' 자체가 바로 '황홀한 금빛'이다. 삶이란 결국 한줄기 금빛을 이어가는 것이라는 깨달음이었다. 먹는 기쁨보다 배고픔 해소의 욕구가 언제나 더 강력한 것임을 이해하는 날, 살아가는 기쁨보다 생존과 번식이 바로 '황홀한 금빛'임을 나는 방글라데시 길 위를 걸으면서 깨달았다.

그는 항상 벵골어로 시를 썼다. 1912년 영문시집 기탄잘리가 영국에서 출판 된 지 7개월 만에 아시안으로는 처음으로 노벨문학상을 받았다. 당시 서구인들의 눈에 타고르는 시인이라기보다 분명 물질만능주의에 찌든 서구에 지혜와 여유 그리고 자족이라는 삶의 가치를 전파해줄 성자나 예언자로 비쳤었다. 타고르의 시는 당시 인도인들에게는 인기가 없었다. 인도의 표준어인 산스크리트어가 아닌 지방 사투리 정도인 벵골어로 시를 썼기 때문이다.

방글라데시의 국가는 타고르가 지은 '나의 금빛 방글라'이다. 가사가 아름다우니 살펴보자!

> 나의 금빛 방글라, 나는 당신을 사랑합니다.
> 영원한 당신의 하늘과 바람은 내 삶에서 피리를 붑니다.
> 오, 어머니, 나는 팔군달(Falgun month)에 당신의 망고 숲에서
> 나는 향기는 나를 미치게 합니다.
> 나, 황홀함, 황홀함이여!
> 오, 어머니. 나는 오로그하욘 달에 당신의 풍성한 들판에서
> 꿀처럼 달콤한 웃음을 보았습니다.
> 금빛 방글라, 나는 당신을 사랑합니다.

타고르는 영국에서 법학을 공부하다가 자격증만 얻으려는 비교육적 대학 제도에 큰 실망을 하고 학업을 중단한다. 그는 나중에 산티니케탄에 작은 학교 비스바 바라티를 세우는데 수업은 항상 자연과 함께 이루어지도록 만들었다. 비스바 바라티는 '세계의 둥지'라는 뜻이다.

그는 처음 인간의 순수한 영혼과 인성을 개발하는 차원에서 아쉬람을 설립했다. 독립 후에는 유치원부터 대학까지 두루 가르치는 종합 교육 기관으로 성장했다.

그는 누구보다도 교실 벽에 갇힌 교육의 문제점을 잘 알고 있었다. 아이들이 자연의 섭리를 배우도록 안내하는 학교를 그는 생각했다. 획일적인 학습을 탈피하여 스스로 해답을 찾아가도록 이끌었다. 그것은 아이들 자신 고유의 본성과 재능을 스스로 발현하도록 돕는 것이다. 그렇다고 이 학교가 학문적이지 않다는 것은 아니다. 오히려 학문적으로도 특출하다.

헤르만 헤세도 기존의 교육제도를 비판하면서 폭넓은 책 읽기와 글쓰기를 통해서 자아실현의 여행길을 열어나가야 한다고 주장했다. 나는 거기다 여행을 통한 공부를 추천하고 싶다. 예전에 환갑잔치를 크게 열었던 때, 즉 평균수명이 60도 안 될 때는 경쟁에서 낙오되고 잠시 뒤처지면 재기의 기회를 얻을 수가 없었다. 그때는 사회가 인정하는 여정표대로 살지 않으면 안 되었지만 지금은 중고등학교 때라든지 대학 때 휴교를 하고 여행을 떠나라고 권하고 싶다.

떠나서 보고 듣고 느끼고 나서 자기가 무엇을 좋아하는지, 무엇을 잘 하는지 찾은 다음에 공부해도 늦지 않다. 늦지 않을 뿐 아니라 그것이 지름길이다. 다른 길로 잘못 빠져서 헤매느니 말이다.

타고르의 교육은 이 한 마디로 그의 철학은 명확해진다. "무엇을 배웠는지 기억하지 않고 배운 것만 기억한다." 모든 사람은 천재이지만 모든 학생이 한꺼번에 성장할 수는 없다는 이야기이다. 그는 이어서 "내 마음 속의 학교는 하나의 행복한 가정인 동시에 신성한 사원이어야 한다. 가르침은 경건한 삶의 일부이기에 인간의 삶을 더욱 풍요롭게 해주어야 한다."

왜, 언제부터 교육이 남과 경쟁하는 것으로 생각했는지 모르겠다. 과연 경쟁 없는 교육이 가능한지 묻는 사람이 있다면 산티니케탄의 비스바 바라티를 통해서 타고르는 보여주고 있다. 그렇다. 학교는 잘하는 것을 가르치기보다 함께 잘 사는 법을 터득하는 곳이어야 한다.

인도

39 길 위에 누워 있는 평화

인도는 여행의 낭만에 젖어 눈과 귀가 호강하고 식도락을 즐기고 안락함에 빠져보려 하는 자가 오면 불쾌감에 서둘러 짐 가방을 다시 꾸릴 것이고, 문명의 안락함에 빠져 몸과 마음이 병들은 자가 오면 어떤 신비한 방식으로 자신을 깨우는 것을 알게 될 것이다.

인도는 청순하거나 지적이며 우아하지 않지만 헝클어
진 몸가짐과 다소 정갈하지 못하면서도 팜므파탈의
매력으로 여행자들을 끊임없이 유혹한다. 황혼이 물
들 무렵 불덩이 같은 해가 이윽고 어둠에 기울어져가는 사원의 첨탑
과 야자나무가 만들어내는 팜므파탈의 실루엣은 여인의 옷자락 벗는
소리처럼 야릇하고 아득하였다. 인도를 여행한 사람의 반응은 둘 중
의 하나이다. 아주 만족하거나 불쾌감을 감추지 못하거나.

여행의 낭만에 젖어 눈과 귀가 호강하고 식도락을 즐기고 안락함
에 빠져보려 하는 자가 오면 불쾌감에 서둘러 짐 가방을 다시 꾸릴
것이고, 문명의 안락함에 빠져 몸과 마음이 병들은 자가 오면 어떤
신비한 방식으로 자신을 깨우는 것을 알게 될 것이다. 지금껏 구름에
걸려 빛이 바랜 희미한 달처럼 자신의 가치의 소중함을 깨달아 몸도
마음도 조금씩 치유되는 신비한 체험을 할 것이다. 많은 이들이 잃어
버린 자아를 찾아 인도로 오는데 정말 그들 중에 많은 이들이 이곳에
서 잃었던 소중한 것을 찾았다고 증언한다.

과연 나는 인도에서 나의 소중한 황홀한 금빛을 찾을 수 있을까?
나를 찾는다는 건 자신 앞에 당당해야 한다. 나의 삶과 나의 미래 앞
에서 용기 있게 마주 서서 자신을 똑바로 바라보는 일. 눈 똑바로 뜨
고 깨어나면 진정한 자유와 쉼이 있는 곳이다. 내 주변의 일은 내 뜻
대로 못하지만 내 안의 일만이라도 내 맘대로 다스릴 수 있을까?

인도인은 다른 건 몰라도 한 가지만은 축복받았다. 경제적으로 가
난하고 심리적으로 불안하지만, 그들 주위에 늘 '구루'라 불리는 영

적 지도자가 있기 때문이다.

사실 이렇게 혼자 교통수단을 이용하지 않고 달리다 보면 먹고 싸고 자는 것이 전쟁보다 더 현실적인 두려움으로 다가온다. 먹을 것은 비상으로 가지고 다니지만 숙소는 그렇지 않다. 어제 아침 7시에 숙소를 나와서 50km 넘게 가서 저녁 7시에 숙소를 겨우 잡았다. 오늘 아침 겸 점심을 먹다 만난 젊은 의사 부부가 내 손수레를 유심히 보더니 선의와 호기심을 가지고 이것저것 물어보아서 나는 한국에서부터 뛰기 시작하여 지금 여기까지 왔노라고 말했더니 놀라움을 표시한다.

내가 이렇게 뛰는 목적은 '평화'와 '남북통일'이라고 말했더니 자기도 무엇이라도 도움이 되고 싶다고 말한다. 내 가는 방향을 물어보고 무언가 잠시 생각하더니, 자기는 다음 도시에 산다고 자기 집에 와서 자라고 한다. 나그네에게 잠자리를 내주는 것이 최고의 호의인 것을 아는 이는 별로 없다. 나는 사흘 후에는 닥터 디비엔두 다스 집에서 곤한 단꿈을 꿀 것이다.

인도인은 참 태평하다. 미국에서 살 때도 알고 지내던 인도 친구들은 '노 프라블럼'이라는 말을 달고 산다, 길을 물어도 자신 있게 가르쳐주는데 가보면 아니다. 어제도 호텔이 어디 있느냐 물어보니까 5km만 더 가면 나온다는 소리를 듣고 세 번이나 물어서 15km나 가도록 안 나왔다. 식당에서 배나 든든하게 채우자고 들어가서 호텔을 물어보니 자기 집 2층에 방이 있다고 하여서 안도의 한숨을 내 쉬었다.

몸은 지치고 날은 어둡고, 날씨는 쌀쌀하고 거의 절망의 순간이었다. 인도인들은 모른다고 대답하는 걸 무례로 생각한단다. 이런들 어떠하리 저런들 어떠하리. 정색으로 대답하는 마법의 세계에 빠져들지 마시길! 이것은 아마 힌두교와 연관이 깊을 것이다. 힌두교는 상반되기도, 모순되기도 하는 믿음과 의식이 공존한다. 확실한 교의가 없으므로 어떤 신념, 사상을 주장해도 상관하지 않는다. 특정한 창시자도 없고, 유일의 경전도 없다. 영원한 본질이라는 것도 인정하지 않는다.

상황이 달라지면 생각이 달라지기 마련이고 생각이 달라지면 말도 달라진다. 이것은 저것이 될 수도, 또 저것은 이것이 될 수도 있다. 그래서 모든 것은 '노 프라블럼'이다. 여기는 인도다. 그들을 탓할 이유가 없다. 세상은 이렇게 단순하고 인도인들은 태평하다. 결국 문제는 없다, 노 프라블럼!

길 위에 누워 있는 평화여!

평화여!
허공에 떠돌거든 내리 사뿐히 내려앉으라.
평화여!
물속에 잠겨 있거든 힘차게 솟구쳐 오르라.
평화여!
길 위에 누워있거든 벌떡 일어서라!

개똥밭에 소똥 밭에 구르는 평화여!
오욕의 세월을 '구루'처럼 길 위에서 견뎠으니

벌떡 일어나 내 손을 잡고 일어나 행진 행진하자꾸나.
숨결이 거칠어져 맥박이 고동을 치면 환희에 젖을지니

역사를 쓴다는 건
똥오줌 뒤집어쓴 몸 벌떡 일으켜 세워
벌떡 일으켜 세워 달리는 거라네!
달리며 또 하나의 평화를 일으켜 세우는 일이라네.

인도에는 인도 특유의 냄새가 있다. 향신료와 향냄새, 카레 냄새,
사람 냄새뿐 아니라 소와 개 똥냄새까지 뒤섞여 묘한 인도의 냄새가
코를 자극한다. 또 인도적인 풍경이 있다.

방글라데시에서 몸도 마음도 고생했다. 태국에서부터 속이 좋지
않는데 이곳에 와서 열악한 음식에 결정타를 맞아 이질 설사로 고
생했다. 거기다 음산한 날씨와 미세먼지로 감기가 걸린 줄 알았는데
자가검사 결과 코로나 양성반응이 나왔다. 다행히 송현의 민주평통
회장과 백진혁 치타공 한인회장의 따뜻한 보살핌으로 몸을 추스를
수 있었다. 이 글을 통해서 다시 감사의 말씀을 전한다.

갈대와 억새를 스쳐가는 바람 소리가 파도 소리 모양 서걱거린다.

40 달려야 하는 이유는 단 한 가지이다

나는 정말 귀한 대접을 받았다. 그러지 않아도 인도는 특유의 매
력으로 나를 잡아당겨 다시 오고 싶은 곳이 되었는데 그들의 친
절함으로 다시 오고 싶은 그리운 곳이 되고 말았다.

내가 달리지 말아야 하는 이유는 수만 가지이지만, 달려야 하는 이유는 단 한 가지이다. 나는 우선 뇌경색 환자이다. 그리고 내 나이 65세이다. 건강한 젊은 사람도 감히 상상도 못 할 도전과 모험에 나섰다. 거기다 캄보디아, 태국 국경을 넘을 무렵 후원회도 모금이 안 돼 해체되었다. 전장에 나간 병사에게 보급이 끊긴 거나 다름없이 장렬하게 죽거나 손들고 항복을 하거나 해야 할 상황이었다. 영웅이 되거나 패잔병이 되거나 군인의 운명은 거기서 갈린다.

방글라데시에서는 코로나 양성반응에 이질, 설사로 고생하였다. 지난번 아시럽 횡단 때는 발병 한번 안 났는데 발톱이 시커멓게 변해 빠지게 생겼다. 홀로 계신 노모도 눈에 밟힌다. 인도의 길을 달린다는 건 먼지와 매연을 뒤집어쓰고, 비위생적인 음식 먹어가면서 열악한 잠자리라도 그것이 그 자리에 이어주는 것만으로도, 아침이슬, 비바람 피하는 것만으로도 감사하게 생각해야 한다.

그만두어야 할 이유는 수도 없이 찾아낼 수 있다. 그러나 내가 계속 달려야 할 이유는 단 한 가지다. '평화'는 그 어떤 가치보다도 소중하기 때문이다. 지금, 이 순간에도 지구촌 어디에선가는 포성은 울리고 비명이 나며 또 다른 전쟁을 기획하는 세력이 있기 때문이다.

길을 걸으며 깊은 사색에 빠지는 시간이면 내가 달리지 말아야 하는 그 수만 가지 이유가 각기 내가 달려야 하는 이유라고 소리 높여 우기고 있는 걸 알아차릴 수 있다. 먼지와 매연과 쓰레기가 쌓여있는 고속도로에서는 '구루'를 만날 수 없다. 고통과 불행의 원인은 긍정적인 생각을 부정적인 생각의 감옥에 가두어 두는 것이라는 것을 내 안의 '구루'는 가르쳐준다.

나는 뇌경색 환자기 때문에 더더욱 달려야 했다. 현대 의학은 도 저히 이 마법에서 나를 풀어준다고 큰소릴 치지 못한다. 그러니 끝없 이 달려서 심장 기능을 강화시키고 근육을 늘리며 죽었던 신경을 조 금씩 되살리는 수밖에 없다. 내가 65세이기 때문에 더 열심히 달려 야 한다. 가만히 있으면 근육량이 급속히 줄고 노화가 가속되기 때문 이다. 지원차량이 없으니 몸은 좀 고되지만 비로소 혼자만의 완전한 자유가 찾아왔다. 나는 위대한 일을 할 수 없다. 다만 한 가지 위대한 이유를 가지고 작은 발걸음을 묵묵히 옮길 따름이다.

콜카타를 출발한지 6일 만에 두르가푸르를 지났다. 오늘은 엊그제 음식점에서 만났던 닥터 데비엔두 다스의 배려로 아난달록 병원 게 스트하우스의 특실에 와서 편히 쉬게 생겼다. 새해에는 좋은 일만 생 길 상서로운 징조인 것 같다. 며칠 전 내 유모차에 쓰인 문구를 자세 히 보더니 참 훌륭한 일을 하는데, 자기도 도움이 되었으면 한다고 하더니 주소를 주면서 지나가면서 들르면 자기 집이나 병원 게스트 하우스에서 자고 가라고 했다. 와서 보니 병원은 정원이 멋진 꽃들과 인도 특유의 조각상들로 잘 꾸며져 있는 레조트 호텔급이었다.

병원에 찾아가자 그들은 나를 따뜻하게 맞아주었고 직원들에게 나의 위대한 이유와 여정을 설명하였다. 존경심을 표하는 분위기가 만들어졌다. 나는 정말 귀한 대접을 받았다. 그러지 않아도 인도는 특유의 매력으로 나를 잡아당겨 다시 오고 싶은 곳이 되었는데 그들의 친절함으로 다시 오고 싶은 그리운 곳이 되고 말았다. 다음날 새벽 그리움, 그 애틋한 감정의 실을 길게 늘어트리고 다시 길을 떠났다.

원불교의 정산 종사의 가르침이 머리에 스친다. 모든 인류가 함께 잘 살고 함께 번영할 길로 다 같이 합심하여 나아가야 할 것이란 생각이 다시금 든다. 이 세상 모든 도리가 한 울안 한 이치임을 깨닫고, 세계의 모든 인종과 민족들이 한집안 한겨레임을 알고, 세계의 모든 사업인들이 다 같이 사업의 편견에서 벗어나 이 세상 모든 일이 한일터 한사업임을 알고 하나의 세계 건설에 합심하여 나아가야 할 것이다.

오랜 기간 영국의 수탈을 당해왔던 인도는 흰개미에게 파 먹힌 옛 궁전의 기둥처럼 더 이상 못 버티고 곧 쓰러질 것처럼 앙상한 뼈대만 남아있다. 영국의 식민통치 기간 동안 약 2천만 명이 아사 상태로 죽었다고 한다. 우리 역사에서 일제의 식민동지 36년의 어두운 그림자가 얼마나 컸는지 생각해보면 200년의 식민통치를 겪은 인도인들의 피와 눈물의 세월을 짐작하고도 남음이 있다.

찬란한 아시아의 문명을 열었던 인도는 창조의 신 브라마가 오랜 잠에서 깨어나 다시 인도를 재창조하려 하고 있다. 4개의 얼굴로 동서남북을 똑바로 응시하며 벌떡 일어서며 4개의 손으로 열심히 움직여 보려 하지만, 너무 오랜 기간 영국에 척수를 다 빨려 여의치 않은 형국이다. 14억 인구의 인도가 제조업을 따라가기에는 너무 벅차다. 그래서 2차 산업은 건너뛰고 3차 산업과 IT, 바이오산업으로 직행한다는 야심 찬 계획을 세웠다.

그것이 가능하다는 믿음을 갖게 하는 건 모디 총리의 현란한 외교

술이다. 마치 축구의 신 메시의 발재간 같은 드리블로 미국과 러시아, 중국을 돌파해 낸다. 우리 대통령이 똥볼만 차대는 것하고 너무 대조가 돼서 씁쓸하기까지 할 정도이다.

스타트업은 인도의 새로운 성장 동력이자, 계층 사다리다. 에듀테크 기업 바이주스는 기업가치 100억 달러 이상인 비상장 스타트업으로 올라섰다. 인도인은 교육을 통해 좋은 직장을 얻고, 신분의 한계를 뛰어넘어야 한다. 교육은 인도에서 더 나은 삶을 살기 위한 유일한 길이기 때문이다. 인도는 땅이 넓은 만큼 작은 마을에 사는 학생의 경우 교육에 대한 접근성이 많이 떨어진다. 그만큼 에듀테크 시장의 성장 잠재력이 엄청 크다. 저렴하면서도, 접근성이 좋은 양질의 교육에 대한 수요는 계속 커질 것이다.

인도의 식민지화는 영국 정부도 아닌 동인도회사의 벵골지역 점령으로 시작했다. 당시 인도양은 서양열강의 식민지 개척의 격전장이었다. 1600년에 런던 상인들은 동인도회사를 설립하고 엘리자베스 1세 여왕으로부터 세금을 낸다는 조건으로 인도의 무역 독점권을 승인받았다. 동인도회사가 인도에서 몸집을 불리는 동안 인도인들은 굶주림에 허덕이며 모든 자원을 수탈당해야 했다. 남은 건 오로지 인도의 정신과 철학, 가난뿐이다.

영국 지배층은 인도인들을 벌레 다루듯 잔인하고 무자비하게 지배하였고, 논과 밭에는 쌀과 곡식 대신 양귀비를 심어 아편을 수확하게 하였다. 그다음은 우리가 익히 알 듯이 중국으로 싣고 가 비싼 값에 팔아 막대한 이익을 챙기고 중국을 아편쟁이의 나라로 전락시킨 것이다.

잔혹한 수탈은 저항을 불러오는 것, 동인도회사는 끊임없이 저항하는 인도인들을 진압하는 군비를 충당하느라 기울어지기 시작한다. 군비지출을 메우기 위해 억압과 수탈은 더 가혹해지고, 그럴수록 저항은 거세지는 악순환이 반복되었다. 결국 영국정부는 동인도회사의 무역 독점권을 취소하고 해산 명령을 발동했다.

인도는 10년 내 미국보다 더 많은 억만장자를 보유하게 될 것이라는 견해와 미·중과 함께 'G3'로 발돋움할 날이 머지않았다는 전망이 우세하다. 2022년 1분기 인도는 GDP에서 처음으로 영국을 따라잡았고, 인도 출신의 영국 총리, 미국의 카멀라 해리스 부통령까지 배출했다. 산업계에서는 인디안 파워가 더욱 막강하다. 구글의 순다르 피차이, 마이크로소프트의 사티아 나델라, IBM의 아르빈드 크리슈나 스타벅스 랙스먼 네리시어 외에도 샤넬의 CEO 등 글로벌 정, 재계에는 이미 무수히 많은 인도계가 자리 잡고 있다.

인도인은 14억이라는 어마어마한 인구, 사회 전반의 인프라가 제대로 갖춰지지 않은 열악한 조건 속에서 살아남기 위해 발버둥 치다 보니 자연스레 생존력과 적응력을 키웠다. 경쟁과 혼동이 인도인을 유연성을 갖춘 문제 해결 능력자로 만들었다.

41 여인의 고운 손과 소똥

인도에서 소는 귀한 존재이다. 그래서일까? 소똥도 귀하게 쓰인다. 원색의 사리를
입은 여자가 쪼그리고 앉아서 고운 손으로 정성스럽게 주물럭거려 잘 섞고 비벼서
얇고 넓적하게 펴서 벽에 붙이거나 길거리에 널어 말린다.

주변에 말리는 사람은 많았지만, 그 편견을 깨부수려 시작한 여정 길이었다. 삶의 방식엔 세 가지 선택이 있다고 한다. 도망치거나 방관하거나 부딪쳐 보거나! 나는 대부분의 경우 부딪쳐 보는 방법을 택했다. 그래서 수도 없이 부딪혀 깨져보았다. 파도가 수없이 바위를 부딪쳐 깨지듯 끊임없이 깨져보았다. 그리고 다시 인도라는 바다 안에 섬과 섬 사이를 연결하듯 여인숙과 여인숙을 징검다리 삼아 건너뛰며 그 험한 바다를 건너간다.

섬과 섬 사이의 간격이 일정치 않아 불안하다. 잘못하다가 노숙을 하는 경우를 대비하여야 한다. 캠핑 장비를 미처 준비하지 못했다. 텐트와 침낭만 있어도 이렇게 불안하진 않을 텐데. 궁리 끝에 밍크담요 하나를 장만했다. 지금은 인도의 겨울이다. 겨울이라야 우리나라의 겨울처럼 혹독하진 않지만, 새벽 기온이 10도까지 내려가는 쌀쌀한 날씨이다. 여인숙의 담요로는 새벽에 춥다. 그나마 담요가 없는 데도 있다. 밍크 담요 한 장이 가져다주는 심리적 안정감이 기대 이상이다.

인도에서 소는 귀한 존재이다. 그래서일까? 소똥도 귀하게 쓰인다. 원색의 사리를 입은 여자가 쪼그리고 앉아서 고운 손으로 정성스럽게 주물럭거려 잘 섞고 비벼서 얇고 넓적하게 펴서 벽에 붙이거나 길거리에 널어 말린다. 장마가 지나고 건기가 오면 동네 아낙네들은 소 뒤꽁무니를 졸졸 따라다니면서 소가 싼 똥을 모은다. 땔감이 귀한 인도의 소똥은 그렇게 말려서 밥도 지어 먹고 난방도 하고 그들에게 없어서는 안 되는 소중한 생활필수품이다.

소똥을 벽에 붙이는 이유는 집 밖에서 들어오는 부정을 막는 액막

이도 한다. 소똥의 불꽃으로 음식을 하면 제맛이 난다고도 한다. 그래서 소똥을 고운 손으로 주무르는 초콜릿 빛 피부에 하얀 이와 선홍빛 잇몸이 절묘하게 조화를 이루는 여인의 얼굴은 심리적 안정감으로 가득 찼었나 보다.

방황한다고 길을 잃은 것은 아니다. 길을 잃었다고 목적을 잃은 것도 아니다. 모든 나그네는 길 잃어버림과 친구가 되어야 한다. 그 많은 방황의 날들이 없었으면 지금의 나는 없었을 것이다. 내비게이션이 확실하게 빈도를 줄여주었음에도 나는 가끔 내가 가고자 했던 그 길이 아니라는 것은 발견하고 탄식하기도 하지만, 곧 모든 길에 기쁨과 설렘이 있다는 것을 알게 된다. 죽는 날까지 나는 내가 가야 할 길을 선택하고, 길을 잃고 헤맬 것이다.

나는 낯선 길 위에서 세상 사람들이 나와 다름을 발견하고 다름을 담담하게 받아들일 수 있게 되었다. 인간의 본질적 모습은 길을 가는 것이다. 스스로 가치 있는 삶을 찾으려면 한곳에 정착하지 말고 방황하여야 한다. 길 위에 서면 비로소 내가 얼마나 나를 무시하며 나의 소리를 들으려 하지 않았는지 깨닫게 된다. 길을 걸으며 낯선 나에게 이야기를 주고받으며 멀리 떠나버렸던 나를 멈춰 세운다.

길 위에 나서면 길은 전혀 새로운 길로 다가온다. 최고의 속력으로 다른 사람을 앞질러 가야만 생존이 가능한 선착순의 길, 오로지 일등만이 모든 것을 가지는 승자독식의 길이 아니다. 길의 어원은 '길들이다'이다. 나는 길을 걸으며 스스로를 길들이고 있다. 익숙한 것들을 떠나서 낯설고 이제껏 경험하지 못한 새로운 것에 길들어 간다.

내 지식은 학교가 아니라 길에서 얻어진 것이라네! 그러니 길 떠나는 나그네, 책을 들고 떠날 필요는 없다. 길이 학교요, 선생이요, 책이다. 길이 교정이요, 길 위에서 만난 사람들이 모두 동창생이다. 나는 책장을 넘기듯이 매일 35km씩 달린다. 책장을 넘기면 언제나 흥미진진한 이야기의 세계가 펼쳐진다. 달리면서 공부하고 명상하고 수행한다.

명상은 세상을 등지고 떠나서 가부좌를 틀고 앉아서 기적을 만들려고 애쓰는 것이 아니다. 깨어서 지금 이 순간 존재하는 나와 모든 생령의 아름다움을 자각하는 것이고 마음의 평화를 얻기 위함이다. 큰 호흡은 명상에 도움을 준다. 뛰면서 큰 호흡을 하는 동안 명상하기에 좋다. 명상은 참자아를 찾는 것이다. 상실되었던 나, 잠재해 있는 나를 찾아가는 여행이다.

인도 사람들은 참 호기심이 많다. 하루에도 수십 번 오토바이나 자동차, 길거리 허름한 찻집에서 앉아있다가 내가 지나가는 걸 발견하면 "어디서 와서 어디로 가느냐"고 묻고, "무엇 때문에 달리느냐"고 묻고, 페이스북 생중계를 한다며 인터뷰를 하자고 한다. 대부분 사람은 내가 벵갈 사람인 줄 알고 벵갈어로 말을 건네다 못 알아듣는 것 같으면 영어로 다시 말을 붙인다. 아마 내 까무잡잡한 용모에서 동질성을 느끼는 것 같다.

인도인들은 기본적으로 두 가지 언어가 가능하다. 너무 많은 사람에게 팬서비스를 하는 것도 고역이다. 오늘은 머리는 산발이지만 눈빛만은 형형한 노인이 위엄이 깃든 어조로 색 다른 질문을 한다. "당신은 걸으면서 무얼 배웠소?" "나는 아직 구루를 만나지 못했어요."
나의 대답이 다소 생뚱맞았지만, 그의 질문도 생뚱맞기는 마찬가지
였다. 나는 그와 헤어져 홀로 아무 생각 없이 달리다 문득 그 노인이
혹시 구루가 아닐까 생각했다.

길 위에서는 끊임없이 무엇인가를 마셔야만 한다. 그것은 길을 걷
는 나그네나 길을 달리는 자동차나 매 한 가지다. 자동차의 연료처럼
계속 채워주어야 한다. 그러지 않으면 몸의 수분을 빼앗겨 탈수증에
걸려 머리가 노래지거나, 심하면 영혼까지 메말라 버릴지 모른다. 그
래서 내 유모차는 인도를 홀로 달리는 나그네의 낙타와 다름없다. 묵
묵히 그 많은 물과 짐을 싣고 따라와 준다.

나의 낙타가 발병이 생겼다. 나도 절룩거리는데 내 충실한 낙타도
바퀴에 바람이 빠져 절룩거리고 있었다. 내 다리는 스페어 다리가 없
지만 내 낙타의 다리는 스페어 다리가 있었다. 나는 길 한 귀퉁이에
다 낙타를 세우고 스페어 다리로 바꾸어 끼우려고 보니 그것도 역시
바람이 빠졌다. 건너편에서 어느 틈엔가 내가 쩔쩔매는 것을 보고 달
려와서는 보고 저쪽으로 건너오라고 한다. 건너편을 보았더니 허름
한 타이어 수리점이었다. 인도에서는 위기의 순간마다 영화처럼 귀
인이 나타난다.

홀로 걷는다는 것은

홀로 걷는다는 것은
새들이 기쁨의 음표를 물고 날아드는걸
두 팔 벌려 맞는 것
혼자만의 자유를 만끽한다고.
스스로를 외로움의 감옥에 가둔다고 비아냥거리지 말라!
이것이 세상 속으로 깊이 파고드는 경쾌한 발걸음이니

길 위에서 만나는 친근한 수많은 숨결과 미소
그것이 나의 열정을 샘솟게 하느니
하찮은 것도 신비스럽게 바라보는 눈이 밝아 졌으니
엄마 품을 파고 들며 나는 자랐으니
마음의 품도 넓어졌어라!
나는 지금 인도가 가르쳐주는 보석 같은 지혜를 주워 담을
책가방이 필요하다오!

　사람들은 왜 자신을 찾으러 인도로 가는 것일까? 이곳에서 진정
자신을 만나기는 하는 것일까?

42 "What?"의 마법

금방 아이들이 호기심 가득한 눈으로 몰려들었다. 아이들과 기념사진을 한 장 찍고, 조금 전 나와 기념사진을 찍은 청년이 건네준 과자 봉지를 사양하지 못해 받았었는데 그것을 아이들에게 건네주었다. 두 봉지의 과자를 받아든 녀석은 달아나고 나머지는 그 녀석을 잡으러 달려간다.

인도 중북부의 산악 지방의 아침은 한 뼘 정도 길이의 가느다란 나뭇가지를 입에 물고 칫솔질을 하는 인도에서만 볼 수 있는 풍경으로 열린다. 아직도 새벽은 쌀쌀한지 마당에 나뭇가지를 모아서 모닥불을 피워놓고 아이고 어른이고 삼삼오오 앉아 불을 쬐는 모습이 오래전 우리네 시골의 풍경처럼 아련하다.

오늘은 오랜만에 아니 방글라데시와 인도를 달리면서 처음으로 파란 하늘을 보았다. 늘 안개와 미세먼지가 섞인 우중충한 날씨였었다. 파란 하늘이 마음도 화창하던 차에 파랑새가 환영 비행을 하듯 한참을 주위를 그 화려하고 기분 좋은 날갯짓을 하더니 멀리 날아간다. 기분 좋은 생각에 잠시 넋을 놓았을까, 길 위에 소들이 이리저리 다니면서 질펀하게 싸놓은 소똥 지뢰밭을 피하지 못하고 밟아버렸다. 기분이 좋으니 소똥을 밟아도 기분이 좋다. 어렸을 적에 '소똥 밟으면 재수가 좋다'는 이야기를 들은 것이 생각난다.

광활한 영토와 세계 최대 인구, 신들의 나라, 석가모니가 나고 자라서 활동하며 불교의 꽃을 활짝 피웠지만 그 꽃을 스스로 떨궈내고 힌두교의 나라가 된 인도. 아직도 카스트제도가 살아서 기세가 등등한 나라. 인도는 우중충하지만 인도인들의 마음은 파스텔 색조의 나라이다. 도착하자마자 인도 문화에 큰 충격을 받았지만 거친 줄기 어느 한구석에 사탕수수의 단물처럼 달콤함을 내어줄지도 모른다는 기대감이 생기기 시작했다. 먼지 뿔뿔 날리는 거리의 행상에서 사탕수수를 즉석에서 짜낸 주스를 한잔 사 마신다.

인도는 하나의 관념으로 보아서는 이해하기 힘든 복잡하게 얽힌 수많은 회로가 마치 스마트폰 속처럼 복잡하게 연결되어 있다. 사람과 가축, 부자와 거지, 릭샤와 외제차, 화려한 색상과 먼지, 삶과 죽음, 종교와 미신이 복잡하게 얽혀있다. 빈부격차가 심하여도 서로 이웃에 살아도 불평도 분노도 항변의 소리는 아무 데도 없다. 다만 무표정한 얼굴에 주름진 이마, 그 깊은 영혼이 반얀나무의 그늘처럼 아늑하고 넉넉함만이 오래도록 기억에서 둥지를 틀고 있을 것 같다.

금방 아이들이 호기심 가득한 눈으로 몰려들었다. 아이들과 기념사진을 한 장 찍고, 조금 전 나와 기념사진을 찍은 청년이 건네준 과자 봉지를 사양하지 못해 받았었는데 그것을 아이들에게 건네주었다. 두 봉지의 과자를 받아든 녀석은 달아나고 나머지는 그 녀석을 잡으러 달려간다. 저쪽 쓰레기더미에는 산에 있어야 할 멧돼지가 쓰레기를 뒤지고, 쓰레기를 뒤지는 건 멧돼지뿐 아니라 지빠귀들도 짹짹거리며 쓰레기를 뒤지고 있다.

원색의 사리를 입은 여인은 들판의 소 뒤꽁무니를 따라다니며 소똥을 수거하고, 그러면 하얀 왜가리는 소를 사모하여 졸졸 따라다닐까? 나는 그것이 궁금했다. 사람이 저만치 보이면 화들짝 놀라 날아가 버리지만 저 큰 소는 왜 졸졸 따라다닐까?

밤새 나무 위에서 쉬면서 소가 벌판으로 출근하는 걸 기다렸다가 멀리서 기지개를 켜며 어슬렁거리며 나오는 소를 보면 왜가리는 반색을 하며 다가온다. 어떤 녀석은 아예 소잔등에 올라타고 소가 들판으로 풀을 뜯으러 나가는 출근길에 동행한다. 소가 움직일 때마다 풀

밭에서 자고 있던 곤충들이 놀라 튀어오를 때 낚아채기 위해서이다.

인도인들은 왕발울만한 눈을 가진 순진한 사람들이 대부분이다. 그러나 그중 가끔 어느 사회나 있는 질 나쁜 사람이 있다. 식당에서 주문했는데 내가 원하는 것이 아니다. 내가 잘 못 주문을 했다. 나는 내가 잘 못 주문을 했으니 값은 치를 테니 다른 것으로 해달라고 했다. 그리고 잘 먹었다. 계산을 하려고 계산서를 달라고 하니 계산서를 가져왔는데 900루피가 나왔다. 보통 좀 좋은 음식점에서 먹어도 한 끼에 300루피를 넘지 않는다. 우유를 두 봉지 더 시켰지만 너무 많이 나왔다.

"What?" 이때 억양은 높게 길게 끌어야 한다. 금방 서비스 차지라고 적힌 200루피가 지워진다. 시골 길거리 음식점에 서비스 차지라니! 그리고 지세히 계산서를 보니 우유가 한 봉지에 100루피씩 200루피로 적혀있다. 보통 가계에서 30내지 35루피이다. "What?" 또 소리를 지르니 200루피가 70루피로 바뀐다. 기분이 상한 나는 우유 두 봉지를 빼고 500루피만 주고 나왔다. 또 한 번 "What?" 하면 더 가격이 내려갈 것을 알지만 이만하기로 했다. 너무 몰아붙여 좋을 건 없다. 적당히 속아주는 것도 인간미 아니겠는가?

"What?" 공항에서 호텔에 가는 택시를 탔을 때도 써 먹었던 말이다. 인도에서 "What?" 이란 단어를 억양을 높여서 쓸 일이 없었으면 좋겠다. 조금 허름한 여인숙은 대부분 달라는 대로 가격을 지불하고 그중 깨끗한 호텔은 "What?"대신 "Please"를 쓰면 가격을 깎아준다.

인도에는 인도의 색이 있다. 집들은 대부분 살만하면 파스텔 톤의 색으로 화려하게 칠한다. 시골에서 소똥을 주무르는 여인이나 설거지를 하는 여인, 농사를 짓는 여인들의 옷도 원색의 사리를 입고 있었다. 마치 고갱의 환하고 현란한 색상의 그림을 감상하는 듯 생기가 넘쳐 보이고 신비스러운 분위기를 연출한다. 거기에 아침의 태양이 떠오를 때나 황혼의 찬란함까지 더한다.

43 모든 소멸에 경의를 표하며!

저물어 가는 모든 것은 덧없거나 안타깝거나 때론 보석처럼 빛나는 일인데, 인도의 끝없는 들판에서는 소멸이 성스럽게 느껴지기까지 한다. 그 아련한 풍경은 위대한 삶을 불꽃처럼 살다간 사람의 발자취처럼 소멸될 때에야 비로소 평온해지는 모습 같다.

지친 발을 질질 끌며 황혼이 지는 어스름이 사원의 첨
탑의 그림자를 길게 늘어뜨리는 것을 보면 저절로 고
개를 숙이게 되는데 그것은 몸이 피곤해서가 아니다.
석양은 빛 속에 어둠을, 어둠 속에 빛을 발산하면서 은은히 기울었다.
저물어 가는 모든 것은 덧없거나 안타깝거나 때론 보석처럼 빛나는
일인데, 인도의 끝없는 들판에서는 소멸이 성스럽게 느껴지기까지
한다. 그 아련한 풍경은 위대한 삶을 불꽃처럼 살다간 사람의 발자취
처럼 소멸할 때에야 비로소 평온해지는 모습 같다.

　태양은 하루 동안 찬란하고 위대했다. 천하 만물을 차별 없이 따
뜻한 품으로 감싸 안았다. 저물어 가는 태양을 바라보며 하루의 발자
취를 되돌아보니 힘들었지만 잔잔한 감동과 가슴 뿌듯함이 밀려온
다. 해 아래 새것은 없다. 반대편 지평선 위에 초승달이 떠오른다. 신
생(新生)하는 달의 비린내가 벌판에 가득하다. 미련 없이 때 되면 이
들판에서 신생에 자리를 내어주는 모든 소멸에게 경의를 보내려 머
리를 숙인다.

　길 위에는 모든 위험이 상존한다. 하루에도 몇 번씩 로드킬을 본다.
제일 안타깝고 슬픈 일은 개들이 많이 희생되는 것이다. 왜 영리한
개들은 차의 속도를 감당하지 못 하는 걸까? 며칠 전에는 드물게 소
두 마리가 희생당한 채 길가에 내팽개쳐져 있다. 오늘은 길이 완전히
막혀 차들이 전혀 움직이지 못한다. 손수레를 밀며 막힌 차들의 사이
사이로 빠져나가서 보니 사람들이 많이 모여 있고 통곡 소리가 멀리
서도 들린다. 나는 또 다른 소멸에 조의를 표하며 나도 이 복잡한 거

리에서 샛별처럼 소멸할지도 모른다는 두려움을 안고 옆으로 총총걸음으로 빠져나왔다.

죽음은 결코 끝이 아니다. 또 다른 생으로 가기 위한 관문일 뿐이다. 인도 사람들은 그렇게 윤회를 믿는다. 우주가 운행을 멈추지 않는 한 생명의 순환계는 끝없이 이어질 것이다. 죽은 뒤 우리의 몸은 다시 자연으로 돌아가고 다른 생이 올 것이다. 그래서 인도인의 철학에서는 생과 死, 생과 病, 생과 老는 서로 대립되지 않는다. 설사 나도 이 복잡한 거리에서 새벽별처럼 소멸 될지라도 훗날 평화의 씨앗으로 다시 싹트리라 생각하니 다시 용기와 힘이 난다

끝없이 펼쳐진 봄이 오는 신선한 들녘 위로 떠오르는 일출을 바라보면서 사람이 산다는 것이 무엇이며 더 가지고 산다는 것이 무엇이기에 가진 자는 더 갖기 위해서 수단과 방법을 안 가리고 가난하고 핍박받는 사람의 조금 가진 것마저 빼앗으려 탐욕을 부리는가? 왜 강대국은 자신의 기득권과 패권을 유지하려고 갖은 음모와 술수를 다 동원하고 전쟁까지 부추기는 걸까? 베트남 전쟁에서 실패를 맛보았고, 이라크, 아프가니스탄에서 증명되었듯 더 이상 전쟁으로는 패권을 유지할 수도 확장할 수도 없다는 것은 이미 입증되었다.

전쟁뿐 아니라 경제제재로도 패권을 유지할 수 없는데 자꾸 서구는 경제제재로 스스로의 발목을 잡고 있는 꼴이다. 아마 서구는 대만에서의 거사를 치루기 전에 러시아의 발모가지를 먼저 부러뜨리는 것이 수순이라고 생각했을는지도 모른다. 전쟁과 경제제재를 너무 많이 남발하였다. 처음에는 효과를 보았을지 모르지만 이제는 약발

이 떨어지고 있다.

경제제재를 당한 러시아와 중국이 뭉치고, 오래전부터 경제제재를 당하며 미국을 믿지 못하는 인도가 말을 듣지 않으니 미국은 난감한 상황에 처했다. 그래서 우크라이나전이 결과적으로 서구의 몰락의 출발점이 될 것 같다. 나는 덧없고 안타깝고 추하고 또 애처로우면서도 한편 기분 좋은 제국주의의 소멸에 조의를 표하며 총총걸음을 옮긴다.

우리들은 언제고 전란에 희생물이 될 수 있다는 사실을 전혀 모르는 사람들처럼 극히 평온하게 삶을 영위하고 있다. 하기야 전쟁의 포화 속에도 사랑도 하고 결혼도 하고 또 아기도 태어나고, 나이트클럽이나 술집에서의 토론도 이어진다. 왜 서구는 자신의 손에는 피를 묻히지 않으면서 우크라이나가 계속 전쟁을 하도록 무기를 계속 공급할까? 그러는 동안 우크라이나의 모든 시설은 파괴되고 사람들은 죽어간다. 전쟁으로 인해 무구한 아이들이 가장 큰 피해를 입는다는 사실에 가슴이 아프다.

아직도 우크라이나 전쟁은 끝날 기미조차 안 보이는데 세르비아-코소보 간의 전운이 감돌고, 중국-대만이 또한 그렇고, 아! 한반도는 정말 안 된다!

결국 우리는 잠깐 왔다가 가는 나그네 길인 것을! 인생에서 나그네 길이란 길 위를 걸으면서 자기 자신에 대한 성찰과 반성의 시간인 것을! 덧없고 안타까운 그 모든 욕망들은 시뻘겋게 달아오르다 갠지스강 가에서 장작 위에서 시커먼 재로 소멸하는 그날까지 꺼지지 않는 것은 오로지 평화의 노래뿐. 노래는 허공에서 멀리멀리 퍼져나갈 것이다.

평화를 준비하고 평화를 위해 일하지 않으면 평화 속에 살 수 없다는 것을, 평화를 위해 다 같이 손잡고 행진하며 노래 부르지 않으면, 저항하지 않고 숨죽여 살면 우리가 누리고 있는 평화마저 빼앗긴다는 것을, 군대와 전쟁에 의해 유지되는 평화는 거짓 평화라는 것을, 우리의 미래인 아이들에게 말해주고 싶다.

바라나시로 가는 길에 인더스강의 지류 손강의 다리를 건너며 평화의 고기를 낚기 위한 묘수의 낚싯줄을 풀었다가 감았다를 계속한다.

44 무아봉공(無我奉公)

부처님이 밟던 흙을 밟으며 그 길 위에서 그의 꿈 한 조각을 주워들었다. 갠지스강 언덕에서, 힌두스탄 평원에서, 꽃과 물의 정원에서, 구루가 명상하는 반얀나무 그늘 아래에서 여러 군상의 삶을 보며 '평화'를 만들어 가는데 일조를 하고픈 꿈을 불태운다. 햇빛과 바람과 비에 순응하고 살아가는 사람들이 아름다웠다.

무자비하게 뜯어 먹은 영국은 신사의 나라라고 불렸고, 혹독하게 뜯어 먹힌 인도는 비렁뱅이 나라라고 불렸다.

가난을 찬양하는 것은 아니지만 가난한 사람은 자유롭다. 욕심을 버렸으니 집착하지 않고 집착하지 않으니 마음이 풍요롭다. 그들은 강한 사람들이다. 적게 먹고도 많이 힘써야 한다. 세상은 기울어진 저울이다. 많이 일하고도 아주 적게 번다. 우리 가난한 사람들, 장애를 가진 사람들은 저 들판의 반얀나무처럼 그 자리에서 조용히 그들의 운명에 순응하며 사는 것을 당연하게 생각한다. 그들의 고통과 아픔을 애써 외면한 채 말이다.

우리의 삶을 이어온 힘은 세상에서 가장 절망 속에서도 희망의 등불을 찾아내고, 가장 고통스러운 일 속에서도 기쁨의 알맹이를 찾아내는 것이다. 어차피 가진 것이 없으니 그들은 아낌없이 나누며, 형제간에 가족 간에 의가 좋다. 진정 가난한 사람은 줄 사랑도 받을 사랑도 없는 사람들이다. 자기를 좋아하는 사람도 필요로 하는 사람도 없다고 느껴질 때 오는 고독감은 삶을 온통 헐벗고 궁핍하고, 앙상하게 마른 고목나무처럼 만든다. 봄이 와봐야 새순도 돋아낼 수 없는, 가슴 뜨거운 꿈조차 꾸지 못하는 것이다.

지금 부자가 아닌 사람은 영원히 부자가 될 수 없을지도 모른다. 자본이 자본을 만드는 자본주의 사회에서는 말이다. 그러나 부처님처럼 맨발로도 위대한 발걸음을 할 수 있다. 작은 사랑이 모여 큰 사랑이 되고, 가난한 마음으로 위대한 생각을 하고, 위대한 사랑의 발걸음으로 작은 평화를 만들어낼 수 있다.

부처님이 밟던 흙을 밟으며 그 길 위에서 그의 꿈 한 조각을 주워
들었다. 갠지스강 언덕에서, 힌두스탄 평원에서, 꽃과 물의 정원에
서, 구루가 명상하는 반얀나무 그늘 아래에서 여러 군상의 삶을 보며
'평화'를 만들어 가는데 일조를 하고픈 꿈을 불태운다. 햇빛과 바람
과 비에 순응하고 살아가는 사람들이 아름다웠다.

여기 한 사람이 있다. 방글라데시의 경제학자이자 '그라민 은행'
의 설립자 무하마드 유누스 총재가 그 사람이다. 그는 가난에 대해서
고민을 한 몇 안 되는 기득권자이다. 가난한 나라 방글라데시에서 태
어나 미국 유학을 마치고 돌아와 치타공 대학 경제학과 교수였던 유
뉴스는 가난한 사람들이 담보나 보증 없어서 자립하지 못하는 악순
환의 고리를 끊기 위해서 소액 신용 대출을 해주는 것을 시작으로 천
신만고의 노력 끝에 그라민 은행을 설립하였다.

"명석한 경제학자들은 대개 가난이나 기근과 같은 문제에는 관심
을 보이지 않습니다. 그들은 국가 경제가 발전하면 그런 문제들은 저
절로 해결이 된다고 생각을 하는 듯합니다. 그들은 발전이나 번영을
위해서라면 모든 힘을 쏟아 부으면서도, 가난이나 기근 같은 문제에
대해서는 부차적인 문제라고 여겨 거들떠보지도 않습니다. 저는 전
세계가 가난 퇴치를 최우선의 과제 중 하나로 여긴다면, 우리 모두가
오늘날처럼 부끄러운 처지에서 벗어나 자랑스럽게 새 세계 건설에
매진할 수 있으리라 확신합니다."

그는 제일 먼저 편견과 맞싸워야 했다. 가난한 사람들은 자기 자
신의 운명을 개척하기보다 자기 주인을 섬기는 노예근성이 있다고

생각한다. 그래서 소액 융자로 가난한 사람들을 구제하는 것은 불가 능하다고 생각한다. 그럼에도 불구하고 유누스는 그들이 가난하기 때문에 더 신뢰할 수 있다고 말했다. 사람들은 몇 달러도 안 되는 작 은 돈으로 사업을 시작했다. 유누스가 내딛은 한걸음은 점점 많은 사 람에게 가난을 벗어날 수 있다는 희망을 주었고, 지금은 전 세계의 가난한 사람들에게까지 도움의 손길을 내밀었다.

"자기보다 더 가난한 사람을 사랑하면 더 행복하다." 마더 테레사가 한 말이다. 먹을 것이 없는 자를 위해 먹을 것을 주고, 잘 곳이 없는 자 에게 사랑의 집을, 병든 자에게 나음을 주고자 일생을 바쳐 헌신하신 분이다. 세상은 그에게 '하찮은' 노벨평화상을 수여했지만, 진정한 하 늘의 상은 세상 모든 사람들이 부르는 마더라는 호칭이라고 나는 생각 한다. 이 세상에서 가장 귀하고 아름다운 존재는 엄마이기 때문이다.

제2차 세계대전 이후 200여 년간의 영국의 지배에서 벗어나 독립 한 인도는 여러 상황이 맞물려 사회는 불안정했고 거리에는 난민들 이 넘쳐났다. 이들은 대부분 보살핌을 받지 못하고 굶주림과 병마 속 에서 죽어갔다. 그때 그는 가난한 땅 인도에 가난하고 병들어 죽어가 는 불쌍한 사람들에게 안식과 위안을 주고자 왔다.

'허리를 굽혀 섬기는 자는 위를 보지 않는다.'라며 자신의 몸을 가 장 낮은 데로 낮추어 인류애에 대한 희망을 보여주고 몸으로 실천한 사람, 사람들은 그를 마더 테레사라고 불렀다. 그가 있었기에 20세기 전쟁과 살육의 인류 역사는 몇 촉 정도는 더 밝아졌을지도 모르겠다. 끊임없는 자기희생으로 각박한 현대 인류사에 빛나는 정신을 보여주었던 그는 인류애를 실천하는 것에 목표를 삼았다.

마더 테레사 효과는 봉사를 할 때 몸에 일어나는 변화를 말한다. 하버드 대학교의 연구진이 재미있는 실험을 했다. 대가를 받고 봉사에 참여한 그룹과 자발적으로 봉사활동을 했던 두 그룹을 봉사활동 후 체내 면역 기능 변화를 검사하였다. 자발적 봉사활동에 참여한 그룹이 면역 기능이 월등히 높아졌고 유해 병균을 물리치는 항생물질이 생겼다고 한다.

> 부디 평화의 길을 택하십시오.
> 단기적으로는 우리 모두가 두려워하는 이 전쟁에서
> 승자와 패자가 결정될지도 모릅니다.

> 하지만 그것은 당신들의 무기가 가져올 고통과 참상,
> 생명의 손실을 절대 정당화하지 못할 것입니다.
> - 마더 테레사 -

그리고 또 한 사람이 있다. 한평생 남의 눈물을 닦아주고, 고통을 나누며, 무거운 짐을 대신 짊어지는, 끝없는 나눔의 삶을 실천하며 살아온 박청수 교무다. 무아봉공(無我奉公)은 부처님 가르침의 정수다. 나를 없애고 공(公)을 받드는 원불교의 공도(公道) 정신이다. 사람들이 왜 그를 '마더 박청수'라 부르는지 궁금증을 푸는 데는 그리 많은 시간이 필요 없었다. 그는 종교 간의 높은 벽도 허물고 31년 동안 천주교에서 운영하는 성(聖)라자로 마을 한센병 환자들을 돕는 일을

헌신적으로 봉사했다.

　그렇게 시작했던 것이 55개국을 돌며 가난하고 고통 받는 이들이 아파하는 곳이면 마다하지 않고 가서 온화한 미소를 지으며 따스한 손길을 내밀었다. 인도 북부 히말라야의 라다크 마을의 사람들을 돕기 위해 학교도 짓고 병원도 지으며 10년의 세월을 바쳤고, 내전이 끝난 캄보디아의 지뢰제거에 온 힘을 쏟았다. 의약품이 없어 죽어가는 아프리카 원주민이 죽어간다는 소식을 듣고는 12개국에 의약품을 보내기도 했다. 그의 인류애적 사랑은 끝없이 이어졌다. 무지한 이들을 위해서는 학교를. 아파하는 이를 위해서는 병원과 약품을, 배고픈 이들에게는 빵을, 목마른 이들에게는 우물을, 부모를 잃은 어린 이들을 위해서는 고아원을 지어주었다.

　그의 삶은 인류애와 무아봉공 그 지체이다. 그는 자기 어머니의 기도대로 자신의 전 생애를 가장 소외된 이들을 돕는 데 바친다. 그의 어머니는 어린 그에게 "너는 커서 시집가지 말고 원불교의 교무가 되어라. 교무가 되는 길, 더 좋은 길이 있는데 뭣 하러 시집을 갈 것이냐. 교무가 되어 너른 세상에 나이가 많은 사람을 위해 일해라." 어머니의 기도는 어느덧 그의 꿈으로 자리 잡았다.

　무아봉공(無我奉公)을 몸으로 실천하는 이런 사람들 덕분에 '가난'에 대해 깊이 생각해보는 시간을 힌두교의 성지 바라나시로 가는 길을 달리면서 가질 수 있었다. 그래서 이 들판에서 외쳐본다. 가난한 사람에 대한 편견을 깨고 기득권의 집착을 내려놓고 "다 같이 나누고 다 같이 잘 살자!"

45 삶과 죽음이 뒤엉켜 흐르는 강 갠지스

급히 강가나트 쪽으로 발길을 옮겨 보았으나 사람과 사람이 엉키고 그 위에 릭샤
와 툭툭과 고물 자동차가 엉킨 데다가 소와 염소와 개들까지 엉킨다. 고장 난 고물
자동차가 길 한편에 멈춰있고 그 밑에는 사람이 들어가 수리를 하고 있었다.

콜카타를 떠난 지 21일 만에 갠지스강을 건넜다. 왠지 모르지만 아련한 마음의 고향에 긴 세월 방랑하다 돌아온 느낌이다. 이 강물은 생과 사의 사이를 흐른다. 만일 그렇다면 얼마나 많은 생과 사의 강을 건너서 지금 내가 여기에 서 있는가? 저 멀리 아름드리 고목 밑의 공터에서 노는 어린아이들의 얼굴에는 중천에 떠있는 햇살이 비추고 거기서 먼 추억이 만난다. 강렬한 꿈을 꾸고, 뼈저리게 실패하고, 부정하며 방황하다 결국 제자리로 돌아오고야 마는 인간의 오랜 운명을 되새겨 본다. 장작불에 타다만 죽은 자의 발 하나가 정처 없이 강물 위를 걸어가는 착시현상이 난다.

활기찬 삶과 꿈마저 꿀 수 없는 견디고 버티는 피할 수 없는 삶을 바라나시로 오는 길에 수없이 보았다. 세상은 하루가 다르게 변한다고 말들 하지만 아직도 많은 사람이 BC 2000년경 아리아인들이 이 땅에 정착해 살던 모습과 별반 다르지 않을 삶이다. 오히려 그때의 움막보다도 못한 찢어진 비닐 움막에서 길 위에 먼지를 일으키며 달리는 외제차를 바라보는 그들의 시선이 왜 무표정할 수밖에 없는지를 헤아려본다. 더 가질 것도 바랄 것도 더 버릴 것도 없는 무력감, '무력감과 좌절감을 예방하는 방법은 잃어버리기 전에 한발 앞서 포기하고 폐기하는 것이리라.'

아무리 평화를 향한 여정이지만 그 유명한 바라나시까지 와서 속살을 안 들여다보고 호기심과 궁금증을 짊어지고 가기엔 마음이 무거울 것 같았다. 녹야원과 강가나트는 둘러보고 가면 마음이 훨씬 가벼워질 것 같았다. 그에 앞서서 환전과 덥수룩하게 자란 머리를 깎아야 했다. 그런데 인도에는 관광객들이 많아 환전이 쉬울 줄 알았다. 웬만한 도시에는 환전할 만한 곳이 없었다. 환전하느라 반나절이 다 가고 말았다.

급히 강가나트 쪽으로 발길을 옮겨 보았으나 사람과 사람이 엉키고 그 위에 릭샤와 툭툭과 고물 자동차가 엉킨데다가 소와 염소와 개들까지 엉킨다. 고장 난 고물 자동차가 길 한편에 멈춰있고 그 밑에는 사람이 들어가 수리를 하고 있었다. 개는 가랑이 사이를 빠져나가고 릭샤와 툭툭과 자동차는 살갗을 스치며 지나간다. 툭툭 운전사는 "인디언 헬리콥터 툭툭을 타고가라"며 바쁜 내 발걸음을 잡아 세운다. 강가나트로 향하는 순례객들의 행진은 마치 하메른의 피리 소리에 따라 강가로 몰려가는 쥐 떼들의 행진같이 끝이 없다. 나도 쥐 떼들의 행진을 따라갔다.

파도에 떠밀려서 강가나트 입구까지는 왔는데 안으로 들어가려면 휴대폰은 맡기고 들어가란다. 고인이 저세상으로 가는 것을 카메라에 담으면 저세상에 가지 못하고 카메라에 갇혀버린다는 것이다. 담넘어 저쪽에는 시신을 불태우는 장작불이 성스럽게 타오르고 있다. 저 시신도 한때는 불꽃같은 정염에 휩싸인 적이 있으리라! 불꽃을 바라보며 보이는 불꽃보다 보이지 않는 불꽃인 기도에 마음을 태운다.

시간도 많이 지체되고 절차도 번거롭고 하여 바라나시의 속살을 들여다보는 것은 포기하고 포기할 수 없는 평화의 여정만 계속하기로 하였다. '무력감과 좌절감을 예방하는 방법은 잃어버리기 전에 한

발 앞서 포기하고 폐기하는 것이리라.'

그동안 인도의 거친 벌판을 혼자서 유모차에 의지하여 달려왔는데 현대 자동차가 산타페를 지원하고 인도한인회가 운전기사와 경비를 지원하여 어제 바라나시에서 만났다. 덕분에 바라나시의 속살을 살짝이나마 구경하려는 계획은 여지없이 산산조각이 났다. 발걸음을 돌려 운전기사가 있는 주차장으로 향했으나 BC 2000년부터 이어져 오던 도시의 좁은 미로와 같은 골목길을 찾는 건 애당초 불가능해 보였다. 구글맵도 이 오래된 좁은 골목길에서는 뱅글뱅글 돌기는 마찬가지니 내 기억력만 탓할 일은 아니었다.

갠지스 강은 어머니 강이라고 불릴 만큼 인도인들에게 성스러운 강이다. 바라나시는 3,000년 이상의 역사를 가진 힌두교 최대의 성지이며, 동시에 예로부터 시바 신의 성스러운 도시이며 인도 문화의 중심지이다. 인도인들은 갠지스 강에서 몸을 씻기만 하는 것이 아니다. 그곳에서 인도인의 처음부터 끝이 이루어지고 있다. 죽은 사람을 태워 뼛가루를 추린 다음 강물에 뿌리기도 한다. 힌두교도들은 그것이 대단한 축복이라고 생각한다. 또 그 강물에서 죄를 씻어 내기 위해 목욕을 하고, 그 물을 마시며 갠지스강의 축복을 기원한다.

힌두교는 신석기 시대부터 오늘날까지 인도인들의 신앙에서, 또 신화에서 그리고 결혼과 장례 같은 중요한 의식에 다 녹아 있다. 교리도 다양하므로 힌두교에서는 자기들과 다르다고 싸우지도 미워하지도 않는다. 한마디로 힌두교는 인도 사회에서 오랜 역사를 두고 만들어진 인도인들의 생각과 철학을 담은 삶의 방식인 셈이다.

삶과 죽음이 뒤엉겨 흐르는 강 갠지스. 죽음을 삶의 끝이자 또 다른 삶의 출발로 받아들이는 사람들에게는 삶과 죽음의 경계가 중요할 리가 없다. "목숨은 태어날 때부터 죽음의 기저귀를 차고 나온다."고 했다. 이질적인 문화가 섞여 하나의 독특한 문화가 존재하는 곳이다. 그래서 문화적 충격에 자주 휩싸인다. 이런 상황들이 발생할 때 혹여 당황할지라도 놀라지 말 것이며 오히려 미로를 스릴있게 빠져나가 듯 즐길 마음의 준비가 되어 있는 자만이 인도의 여행자가 될 수 있다. 인도 여정 동안 팔이 여러 개가 있는 신이 내게는 어떤 팔을 내밀지는 자못 흥미진진하다.

그 옛날 혜초 선배가 녹야원이 있는 피라날사국(현 바라나시)에 도착했을 때는 이미 힌두교의 성지로 자리를 굳히고 있었다. 중천축국 불교는 쇠퇴의 길을 걷고 있었고 북천축국과 남천축국의 불교는 아직 세를 유지하고 있었다. 그가 이곳에 왔을 때 힌두교도들이 온몸에 재를 바르고 시바 신에게 경배하고 있었다.

"태어난 생명이 있는 모든 것은 늙고 병들고 죽는 고통에서 벗어날 수 없단 말인가? 나도 이대로 늙고 병들고 죽는 것인가?"

싯다르타는 '나고 늙고 병들고 죽는 고통에서 벗어나는 길을 찾아야겠다.'라는 엉뚱한 생각을 하고 따뜻하고 안락한 왕궁을 떠나 고행의 수행 길을 나섰다. 그는 고행하는 사람들이 모여 있는 숲으로 찾아가 보리수 아래에서 6년 동안 수행하여 마침내 깨달음을 얻었다.

'사람은 누구나 태어나면 반드시 나이 들고 병들고 죽게 된다. 그러나 누구나 그것을 받아들이고 자비로 서로 돕고 살면 마음의 평화가 깃든다.' 결국, 싯다르타가 얻은 깨달음이란 있는 그대로 받아들이는 것이다.

삶이 켜켜이 녹아있는 문화도 마찬가지이다. 나와 달라도 있는 그대로 인정하고 또 받아들이려고 노력하는 것. 그런 마음을 가지면 모든 것이 포용 되고 아름다워 보이는 법이다.

46 먼지도 안 일어나네!

우리는 간혹 용기가 필요한 일에, 위험이 도사리고 있는 일에 흥미를 느낄 때가 있다. 내가 지금 하는 그 이상을 할 수 있다는 근거 없는 자신감으로 충만할 때가 있다. 이럴 때 주어진 환경이나 조건에도 묵묵히 걸어 나가는 뚝심이 필요하다.

먼지도 안 일어나네!

힌두스탄 평원에 태양이 솟아오르면
전설의 강물 밑바닥을 흐르듯
역사의 뒷골목을 헤매듯
몽롱한 꿈에 취해서 몸을 뒤척이듯
수많은 전설과 찬란한 역사를 품었던 알라하바드
그곳으로 안개처럼 내 발걸음은 스며드네

부지런한 여인은 마당을 쓸어 먼지를 일으키고
목동은 소와 염소를 몰고 먼지를 일으키고
대형 화물차는 먼지 핵 버섯구름을 일으키는데
내 발걸음은 먼지도 안 일어나네!

힌두스탄 대평야를 달리며 반얀 나무를 닮아간다.
뇌경색 후유증으로 절룩거리면
내 가슴 깊은 곳에서 다른 수많은 다리를 내리뻗어
그렇게 달리고 있노라.
불멸의 정신으로 서원한 일
달리는 말은 말총을 휘날릴 뿐 뒤돌아보지 않는다.

관객이 하나도 없는 외로운 팬터마임을 하는 기분이다. 이리 고생
하면서 달리는데 먼지조차 일어나지 않는 것 같아 답답하다. 얼마나
더 절박해야만 하나! 지난번 아시럽대륙을 달릴 때는 정말 큰 호응에
힘들어도 힘든지 모르고 달렸는데 이번엔 시선이 영 냉랭하다. 허리

아픈 건 참고 이기겠는데 마음이 무거운 건 힘들다. 많은 사람이 같이 먼지를 일으켜줘야 로마 교황님이 노구를 이끌고라도 판문점에 와서 감동의 평화의 미사를 집전하실 것 아니겠나?

한 성자가 힌두교 신인 나라야나에게 신의 권능을 보여 달라고 요청했다. 나라야나 신은 온 세상을 물로 범람시켰다. 다른 모든 생물은 물에 휩쓸려 내려갔거나 죽었지만 반얀 나무는 꼭대기만 나온 채 살아있었다. 이때부터 반얀나무는 인도인들에 불멸의 나무로 여겨진다. 반얀나무는 뿌리가 부실하다. 뿌리가 시원치 않으니 가지를 축 늘어뜨려 그것이 땅에 닿으면 뿌리를 박고 다시 줄기가 되고 뿌리가 되어 바람이 심하게 불어도 홍수가 나도 제자리에 살아남는 것이다.

나도 힌두스탄 대평야를 달리며 반얀나무를 닮아간다. 다리가 뇌경색 후유증으로 절룩거리면 내 가슴 깊은 곳에서 불타는 의지를 내리뻗어 다리가 되어 그렇게 달리고 있다. 그러니 냉랭한 반응에 기죽지 않고, 불멸의 정신으로 서원한 일을 실천할 것이라고 다짐에 다짐을 더한다. 나는 강 건너에서 타는 불길을 보고 아직 이 여정을 평가하기에는 이르다고 생각했다. 달리는 말은 말총을 휘날릴 뿐 뒤돌아보지 않는다.

알라하바드는 힌두스탄 대평야의 한 가운데에 위치한, 갠지스강과 야무나강의 합류점에 있는 도시이다. 본래 바라나시와 함께 힌두교의 대표 도시였지만 16세기에 악바르 대제가 성벽을 짓고 "알라하바드"라는 이슬람식 이름을 붙여주었다. 힌두교에서도 의미가 깊은 장소이다 보니 이슬람 통치의 흔적을 지우려 2018년에 프라야그라지로 변경되었다. 알라하바드 성은 아쇼카 대왕 때 지어졌다고 하는데 현재의 성은 악바르 황제가 재건한 것이다.

인도인들은 이곳에서 세 개의 강이 만난다고 한다. 갠지스강과 야무나강 그리고 사라스와티강이다. 사라스와티강은 지하로 흐르는 강이라고 하는데 상상 속의 강이다. 그러니까 인도인들의 마음속에 흐르는 강인 셈이다. 강을 신성하게 여기는 힌두교도들에게 세 개의 강이 만나는 곳이니 더없이 신성한 곳이리라.

신성한 강이 흐르는 인도의 성지 네 곳에서 쿰브 멜라(성스러운 항아리 축제)라는 축제가 열리는데 알라하바드에서 열리는 쿰브 멜라가 가장 성대하다고 한다. 지구상에서 가장 큰 규모이면서 평화로운 순례자들의 축제이다. 사람들은 성스러운 강물에 몸을 씻거나 적시기 위해 이곳을 찾는다. 죄를 씻고 삶과 죽음의 윤회에서 벗어나길 소원한다. 신화에 의하면 불사의 영약이 담긴 항아리를 신과 악귀가 서로 차지하려고 다투다가 항아리 속 영약이 갠지스 강에 몇 방울 떨어졌다고 한다.

한 사두가 배움을 찾아 길을 떠났다. 발길이 닿는 곳을 따라 정처 없이 길을 가다 한 항아리 공방에서 발걸음을 멈췄다. 한 노인이 흙을 반죽해서 아주 찰진 반죽을 만들고 있었다. 노인은 눈길도 돌리지 않고 사두에게 물었다. "여보게, 항아리가 뭔 줄 아는가?" 사두가 말끝을 흐리며 대답했다. "그야, 물이나 음식을 담는……." 노인은 말했다. "항아리는 오대(五大)의 결정체이지. 흙과 물, 불과 바람, 공간 그리고 도공의 의도가 항아리의 운명을 결정한다네."

이어서 노인은 말했다. "사람들은 항아리의 겉모습만 본다네. 그리고 거기에 무엇을 담을지를 생각하지, 하지만 중요한 것은 항아리의 공간이라네. 이 공간이야말로 항아리의 영혼이지! 사람도 마찬가지지. 몸이라는 항아리에 어떤 마음의 내용물을 채우는가가 중요하지." 사두는 고개를 끄덕였다.

"중요한 건 말이지, 내용물을 더 담거나 바꾸려 하지 말고 공간을 보아야 한다네! 단지 자네가 성자로 칭송받기를 원한다면 내용물을 더 좋은 것으로 채우고 바꾸어야 하겠지만, 신을 알고 참된 나를 알기를 원한다면 내용물에 대해서는 완전히 잊어야 한다네. 지금까지 자네를 괴롭혔던 것이 내용물이 아닌가?"

나는 갠지스강이 흐르는 옆길을 달리며 '마음속에서 그 무엇이 오고 가더라도 내버려 두라!'라는 가르침을 다시 한번 음미해 본다. 먼지가 일든지 말든지는 먼지의 일이요, 나는 그저 최선을 다해서 가슴속에 든 깃발을 날리며 달릴 뿐이다.

우리는 간혹 용기가 필요한 일에, 위험이 도사리고 있는 일에 흥미를 느낄 때가 있다. 내가 지금 하는 그 이상을 할 수 있다는 근거 없는 자신감으로 충만할 때가 있다. 이럴 때 주어진 환경이나 조건에도 묵묵히 걸어 나가는 뚝심이 필요하다.

47 조르바 붓다 형(形) 인간

현대의 교육이란 아이에게 자신을 버리고 타인이 될 것을 강요하고 가리킨다. 너는 예수처럼 되어야 해, 너는 붓다처럼 되어야 해, 너는 베토벤 같은, 아인슈타인 같은 사람이 되어야 한다는 소리를 귀가 따갑게 들으며 성장한다. 마침내 어른이 된 아이는 자기 자신이 되는 것을 버리고 그들 중에 누구도 못 되며 행복하지 않다.

알라하바드를 출발하고부터는 숙소 잡기가 어려웠다. 인도에는 웬만한 음식점에는 호텔이라는 간판을 달아서 헷갈리게 만든다. 결혼식 연회장은 리조트 호텔이라는 간판을 내걸었다. 어차피 지도에서는 그런 것조차 안 보여 20여km 떨어진 곳에 아쉬람이라는 곳이 보이기에 인도 명상의 진수도 체험할 겸 하루 정도 쉬어가려고 구글 지도를 따라갔지만 그곳은 시장만 있을 뿐이었다. 나는 아마도 비틀즈의 아쉬람 생활을 연상했는지도 모른다.

한참을 더 헤매다 물어물어 숙소를 하나 찾았다. 현대자동차와 한인회가 차량지원을 안 해주었으면 꼼짝없이 이 쌀쌀한 날씨에 노숙을 할 뻔했다. 그래서 우연을 빙자한 아쉬람 체험은 허망하게 날아갔고 몸만 피곤하게 되었다.

우리나라에는 때때로 인도 열풍이 북상한다. 그 최초가 허황옥 열풍이 아닐지 싶다. 가야의 신화에 의하면 수로왕이 나라를 세우고 허황옥과 혼인 후 부족장인 9간을 폐지하고 중앙집권제를 도입하게 된다. 허황옥은 단순한 아유타 왕국의 공주가 아니다. 금관가야의 실질적인 지분을 김 씨와 허 씨가 양분한다.

둘 사이에는 7명의 아들과 2명의 딸이 태어났는데 장자는 수로왕의 뒤를 계승하고 둘째와 셋째는 어머니의 성을 따라 김해 허 씨가 된다. 그들의 후손이 김해 허 씨이다. 수로왕은 해양세력인 허황옥과 혼인함으로써 왕비의 세력을 등에 업고 왕권을 강화하였던 것이다. 허황옥의 오빠 장유화상은 가야에 불교를 가지고 들어왔다.

좀 시간이 많이 흐른 뒤였지만 그다음이 타고르 열풍이 북상해서 식민지 한국의 문인들의 가슴을 강타했다. 육당 최남선, 정지용, 특히 한용운의 님의 침묵은 타고르의 기탄잘리를 읽고 감동을 받은 가슴으로 써내려갔다. 그리고 1990년대 초에 불렀던 인도 철학 열풍이 강타한다. 오쇼 라즈니쉬와 크리슈나무르티 등이 열풍의 눈으로 작용했다.

2000년대에는 한비야 류시화 등이 인도 열풍을 이끌었다. 이 시기 인도 학생들이 수학과 공학에 특출한 이유가 어렸을 때부터 19단을 외웠기 때문이라며 구구단 대신 자녀들에게 19단을 외우게 했던 때가 있었다. 그리고 이건 계속되는 현상이지만 세계적으로 요가 열풍이 불었다.

오쇼 라즈니쉬는 '세상에서 가장 위험한 성자' 또는 '영혼의 수소폭탄'이라고까지 불렸다. 그의 가르침은 극단적이다. 하지만 옳다. 오쇼는 했지만 나는 못한 그의 일화들은 젊은 날 나를 아프고 두렵기까지 했다. 하지만 나는 젊은 날 그와 함께하고 싶은 그런 영혼이었다. 그는 기존의 잡다하고 억압적인 이론을 벗어나 자유로운 영혼을 가지는 것이야말로 진정한 인간다움이라고 했다. 또한 성은 하나의 유희이고 진정한 사랑은 자기 동일성과 상대 동일성이 녹아 하나로 합쳐질 때 이루어진다고 가르친다.

그것이 기존 질서 수호자들에게 위험하게 비춰졌다. 그의 삶은 그의 주변 사람들에게도 그러한 영향을 주었고 그가 세계적으로 영향력을 펼치기 시작했다. 그는 진정한 자아를 깨울 수 있는 공동체를 만들어 그 영향력을 펼쳐나갔으며 미국에도 뿌리를 내리기 시작했다. 그를 위험한 성자로 인식한 레이건 행정부는 온갖 이유로 추방하려 했지만 쉽지 않았다. 결국 추방했고 어떤 나라에도 그를 받지 못하게 압력을 넣었다.

어린 시절 그의 할아버지와 외할머니는 그의 가능성을 보고 정형화된 교육이 아닌 그가 원하는 공부를 할 수 있도록 적극 지원해주었다. 그리고 청소년일 때도, 청년이 되어서도 그러한 사람들이 그의 주위에 하나씩은 있었다. 그것은 축복이었다. 자신의 민낯을 바라볼 수 있게 도와준 용기를 가진 사람들이 있었다. 오쇼는 어렸을 때부터 그 누구의 말에도 복종하지 않았다. 처음부터 끝까지 자기 자신으로 살았다. 다른 사람에게 자신을 맞추려 하지 않았다. 오쇼는 이렇게 말한다.

'카잔차키스(Kazantzakis)는 그의 위대한 책 『그리스인 조르바』를 통해 말할 수 없이 소중한 것을 세상에 안겨 주었다. 그는 조르바를 탄생시켰다. 조르바는 단순히 가상의 이름이 아니라 거의 실재하는 인물과 같다. 조르바는 아주 평범한 것들 속에서 행복해 한다. 술 마시고, 춤추고, 사랑을 나누는 가운데 그는 행복을 느낀다. 그는 아주 생동감 있고 활력이 넘치는 인간이다.

'조르바 붓다'를 말함으로써 나는 내면의 세계와 외부 세계를 더 밀접하게 만들려고 시도한다. 조르바가 언제까지 조르바로 남아있어야 할 필요는 없다. 조르바 자체로도 완벽하게 좋다. 그러나 조르바는 최고의 정상이 아니다. 최고의 정상에서는 의식이 더 높은 실체와 더 큰 신비의 차원으로 들어갈 수 있다.

'조르바는 붓다가 되어야 한다. 조르바는 붓다의 씨앗이다. 그대들 모두는 조르바로 태어났다. 그대는 세속의 평범한 것들을 좋아하는 조르바다. 그대는 내면에 붓다를 지니고 있으면서도 그것을 무시하는 조르바다.'

현대의 교육이란 아이에게 자신을 버리고 타인이 될 것을 강요하고 가리킨다. 너는 예수처럼 되어야 해, 너는 붓다처럼 되어야 해, 너는 베토벤 같은, 아인슈타인 같은 사람이 되어야 한다는 소리를 귀가 따갑게 들으며 성장한다. 마침내 어른이 된 아이는 자기 자신이 되는 것을 버리고 그들 중에 누구도 못 되며 행복하지 않다. 인간은 자기 자신이 되어야 행복인데, 사회에 잘 적응하는 사람, 직장과 사회에 필요한 사람으로만 교육되어진다.

현대의 사회 제도 아래서는 타고난 말썽꾸러기가 아니고는 자신이 될 수 없다. 마크 트웨인의 소설 톰 소여의 모험의 주인공은 시대가 필요로 하는 소년, 학교가 가르치고자 하는 것과는 정반대의 말썽만 피우는 학생이다. 톰 소여가 사람들에게 오랜 세월 사랑을 받고 있다는 것은 참으로 기이한 역설이다. 사람들에게는 분명 효율성과 경쟁성 너머에 있는 그 무엇이 필요한 것이다. 내 안에서 너무 오랫동안 숨죽여 살던 나를 50대 후반에서야 해방시켜주었다.

그랬더니 찌질하고 못나게만 살았던 나는 세상에서 유일한 '평화마라토너'가 되어버렸다. 새로운 세계로 눈을 돌리고, 새로운 서원을 하고, 마침내 신세계를 발견하는 것은 실패자일 경우가 많다. 자신의 무의미한 생에 의미를 부여해줄 것으로 여겨지는 행동에 더 과감하게 뛰어들 수 있다.

그래서 평화에 얼마나 이바지했느냐고 묻지는 마시라. 나는 지금도 평화를 위해서 달리고 있으니까. 내 인생이 남루하고 희망이 없어 보일 때 나는 달리기를 시작했다. 그러면서 나는 내면의 목소리를 듣기 시작했다. 자아를 넘어 무아로 가는 평화의 길을 가는 나를 발견했다. 끝없는 호기심과 의문을 던지고 때론 무모하리만큼 겁 없이 실행의 발걸음을 옮기는 사람만이 살아있는 생생한 답을 얻을 수 있으니까.

48 한국 사람은 역시 밥 힘이다

광주의 김태원 씨와 전주의 김안수 씨가 오늘 새벽 긴급구호물품을 바리바리 싸들고 거의 20시간의 여정 끝에 인도 북중부의 작은 도시 피테푸르에 피곤한 얼굴이 돼서 도착했다.

손흥민이 토트넘 홈구장 화이트레인에 멀리 한국에서
응원단이 와서 힘을 실어주면 이보다 더 기쁘고 힘이
날까요? 이강인이 마요르카 홈구장 에스타디에 한국
팬들이 찾아준다면 이보다 기쁠까요? 아닐 겁니다. 광주의 김태원
씨와 전주의 김안수 씨가 오늘 새벽 긴급구호물품을 바리바리 싸들고
거의 20시간의 여정 끝에 인도 북중부의 작은 도시 피테푸르에 피곤한
얼굴이 돼서 도착했다.

특히 김태원 씨는 남은 인도 일정 내내 식사 문제를 해결해준단
다. 김안수 씨는 77세로 저와 띠동갑인데 저와 동반주를 해준단다.
전투력이 팍팍 살아납니다. 저는 지금 기뻐 뛰며 춤을 출 지경이다.
지쳐가고 움츠러들었던 몸과 마음의 말초신경이 살아나서 최고의 상
태가 되었다.

사람의 몸은 유기체이므로 먹는 음식과 몸과 행동과 사고는 떼려야
뗄 수 없다. 한식은 고추장, 된장, 김치처럼 발효식품이 기본이 된다.
한식은 대표적인 슬로푸드이다. 야채가 8, 고기가 2의 황금률의 적
용을 받는다. 음식은 민족성과 더불어 경제, 사회, 자연환경에 이르
는 그 민족 문화의 결정체이다.

이들도 내가 겪었던 문화적 충격을 똑같이 겪을 것이다. 콜카타
공항에 내리자마자 탄 택시 기사는 놀라움과 괴기스러운 충격을 안
겨주었다. 입에 핏물 같은 붉은 액체를 가득 담고 입을 연신 오물거
리더니 창문을 열고 각혈 같은 붉은 액체를 내뱉는 것이다. 좀비 같
은 것이 공포스럽고 오싹하기까지 했다. 할 수만 있다면 택시에서 탈

출이라도 하고 싶었다. 길거리에는 빨간 핏물자국과 같은 얼룩이 여기저기 소똥과 함께 얼룩져 있었다.

나중에 알았지만 그것은 씹는 잎담배라고 한다. 씹으면 빨개진다. 말을 하거나 웃느라 입을 벌리면 쥐 잡아먹은 듯이 빨갛게 된 이가 드러난다. 그리고 피 같은 빨간 침을 길거리 아무데나 퉤퉤 뱉는다.

소똥을 주물러 펴서 말리는 일은 주로 여성들의 아름다운 손으로 한다. 소똥을 주무르는 여자들은 대부분 화려한 색상의 사리를 입고 금빛의 코걸이, 귀걸이 반지, 팔찌, 발가락 반지까지 했다. 소똥에다 찰흙과 지푸라기 같은 것을 잘 섞어 반죽한 다음 부침개처럼 넓적하게 펴서 말려 땔감으로 쓴다. 쇠똥을 말려 건디기라고 부르는 땔감을 만든다. 아름다운 여자의 손과 쇠똥이라니! 한 달 동안 인도를 달리는 지금은 많이 편안해졌다. 그래도 적응이 안 되는 것이 있다.

우리에게 전통이란 이미 과거의 것이 된 역사책이나 민속 박물관에서나 볼 수 있는 것이다. 그런데 인도는 전통이 아직도 그들의 현재의 삶과 함께 살아서 숨 쉰다. 인도 어디서나 볼 수 있는 인도 여인들의 화려한 색상의 사리가 그렇고, 그들의 마을과 집에 꾸며져 있는 사원이나 신당이 그렇다. 양 떼를 몰고 가는 할아버지나, 소똥을 말려서 이고 가는 여인들을 봐도 그렇다.

인도에는 채식주의자가 많다. 식당도 채식과 비채식으로 나뉜다. 인도에는 채식주의자 수가 전 세계 채식주의자 수의 50%를 넘는다는 건 인도에 와서 알았다. 인도가 소를 숭상하기 때문에 소고기는 못 먹어도 돼지고기는 중국에서처럼 마음껏 먹을 수 있으리라고 생각하고 왔다. 오답투성이의 인생을 살았기에 그리 당황하진 않았지만 잘 못된 계산의 대가는 큰 고통을 안겨주었다. 닭고기가 대부분 시골 식당에서 먹을 수 있는 유일한 육식인데 그것도 짜고 향신료가 듬뿍 들어간 요리라서 나의 선택은 삼시 세때 '파니어 프라타'였다. 하얀 쌀밥에 돼지고기를 듬성듬성 썰어 넣은 김치찌개가 그리웠다.

남자나 여자나 한결같이 무표정하면서도 상대가 어려운 모습을 보이면 도움의 손길을 내미는 순박한 사람들이 많다. 사람들은 외국인에 대해서 상당히 호의적이기도 하고 관심이 많다. 내가 느끼기엔 필요 이상일 때가 많고, 다짜고짜 힌디어로 말을 걸어오면 난감할 때가 많다. 뭐든 꼭 물어야 직성이 풀리는가 보다. 특히 특유의 무표정한 얼굴에 왕방울만 한 눈으로 빤히 한참을 쳐다보고 있으면 어떻게 표정 관리를 해야 할지 쉽지 않다.

청결의 개념도 보통의 다른 나라 사람들과 달라도 한참 다르다. 인도 사람들 큰 볼일 보고 나서 물로 씻는 것은 다 아는 사실이다. 물로 씻어야 확실히 깨끗하다는 것이다. 그것도 손으로 닦아야 깨끗하다는 것이다. 가만 생각해보면 맞는 이야기다. 비데로 씻어도 깨끗하게 잘 안 씻긴다. 숟가락도 그렇다. 잘 씻어도 이 사람 저 사람이 쓰던 것이 깨끗해야 얼마나 깨끗하겠냐는 것이다. 차라리 손을 깨끗이 씻고 손으로 먹는 게 오히려 위생적이란다.

쓰레기를 뒤지고 다니며 어슬렁거리는 건 소나 개, 멧돼지, 염소와 왜가리와 까치들도 있다. 그 쓰레기를 아무 데나 아무 생각 없이 버리는 건 정말 심각한 것 같다. 14억 인구가 아직 본격적인 소비시

대로 들어서지 않아서 그나마 다행이지 이 인구가 소비시대로 들어
서면 이 쓰레기 문제는 정말 골칫덩이일 것이다.

깨끗함과 더러움이, 질서와 무질서가, 깊은 명상과 소음이, 부유
함과 가난함이, 서로 다른 종교가, 서로 다른 인종 등이 서로를 있는
그대로 인정하며 까짓것쯤이야 아무것도 아니라는 듯 초연하게 함께
살아가는 사람들, 법륜의 바퀴처럼 무리 없이 잘도 굴러간다. 서로
이질적인 것이 잘 조화를 이루며 살 수 있는 능력을 인간은 오래 전
부터 가지고 있었다.

영국은 할 수없이 인도를 독립시키는 상황에서도 잔머리를 굴려
종교가 다르다는 이유로 파키스탄과 인도를 분리 독립시켰다. 쪼개
고 나눠야 힘을 쓸 수 없다. 그때 간디의 판단미스도 한몫했다. 파키
스탄 쪽에는 아무 자원이 없어 곧 제풀에 꺾여 고개 숙이고 들어올
줄 알았다. 그런데 미국이 도와주어 오히려 파키스탄이 상황이 좋아
졌다. 강대국들의 장난질이 결국은 분쟁의 씨앗이 된 것이다.

'상식'이라는 게 얼마나 부분적이고 객관적이지 못한 개념일 수
있는지를 뼈저리게 체험할 수 있었던 기회였던 것 같다. 내가 너무나
당연하게 받아들이고 있었던 많은 것들, 그리고 당연히 그래야만 한
다고 생각하고 있었던 많은 것들이 어떤 환경에서는 여지없이 깨어
질 수 있다는 것을 배우고 깨달았다.

자유로운 시간, 아름다운 자연환경, 새벽, 봄이 무르익어가는 길
가에 끝이 없이 펼쳐진 유채꽃밭 위의 여명의 찬란함이란! 꽃망울 속
을 파고드는 벌들. 봄의 꽃은 향기가 농후하고 신록은 꽃향기를 품고

푸르렀다. 힌두스 평원의 봄은 땅속에서 번져왔다. 흙은 봄볕에 부풀어 올랐고 흙 속에서 새싹이 움츠렸던 민중들이 떨쳐 일어난 함성처럼 돋아나왔다.

그렇지만 편하고 아름답고 좋기만 했던 여정은 결코 아니다. 이 아름답고 광활한 대지 위에서 내 자신이 그렇게 나약하고, 이기적이고, 닫혀있고, 겁쟁이일 수 있다는 것이 그대로 드러나서 화가 나고 스스로 실망스럽기도 하다. 인도 여정은 이제 반 조금 더 왔지만, 아직도 많은 생각의 실타래들이 풀리지 않은 채 남아있다.

길 위에 쓰러져 있는 소가 아기 소일까? 그냥 친구 소일까? 살아남은 소는 자리를 뜨지 못하고 연신 쓰러진 지 오래되었을 차가워진 소를 혓바닥으로 핥고 있다. 금방 일어나 음매하고 울음을 터트렸으면 좋으련만! 눈가에 맺힌 것이 눈물이지 눈곱인지 확인할 수는 없지만, 울음소리가 들리는 듯했다. 짐승도 죽음 앞에서는 저리도 엄숙하고 애처러운 것을!

오랜만에 밥을 든든히 먹었더니 몸이 전에 없이 가볍다. 한국 사람은 역시 밥 힘이다.

49 칸푸르 가는 길 풍경

식당을 찾아가 야외의 자리에 앉으니 주인은 원숭이들이 밥을 채
가니 안으로 들어가서 자리를 잡으라고 한다. 조금 더 깊숙한 안
자리에 앉아야했는데 안으로 들어가 조금 바깥쪽으로 앉았더니
일이 벌어졌다. 운전기사의 파니어 프라타를 접시 채 순식간에 채
간다. 원숭이 신 하누만에게 보시를 제대로 했다.

어둠을 깨치고 햇살이 떠오를 때, 무수한 전설이 새벽 안개 속 이슬로 초원의 고목 잎사귀를 타고 흐를 때면 만물이 기지개를 켠다. 끝없이 펼쳐진 밀밭에 신선한 바람이 불면 유채꽃 향기 코끝에 스치고 화창하고 찬란한 노랑의 하루가 열린다. 부지런한 여인은 마당을 쓸고, 모닥불 앞에선 어른, 아이가 옹기종기 불을 쬐고, 학교에 가는 아이들의 발걸음은 급하고, 순한 소와 염소와 개들은 쓰레기 더미를 찾아 주린 배를 채운다.

햇볕이 내리쬐는 학교 길에 천진난만한 아이들은 낯선 나그네를 보고 손을 흔들고, 그중 넉살이 좋은 녀석은 다가와 "어느 나라에서 왔냐? 어디로 가느냐? 무엇 때문에 달리느냐?"고 묻고 셀피를 찍자고 한다. 산적한 난제가 수북이 쌓인 인도의 미래를 등에 지고 갈 어린이들의 요구를 감히 거역할 수가 없다. 다 들어주고도 무언가 아쉽다. 부디 평화로운 세상에서 마음껏 꿈을 펼쳐라! 이 아저씨는 그런 미래를 향해 달린다꾸나!

젊은 무슬림 소녀가 부르카로 얼굴을 가리고 눈만 내놓고 내게 다가와 인도에서 한국 국기는 처음 본다며 다가와 한국말로 "안녕하세요!"하고 인사를 건네며 자기는 한국 드라마와 노래를 좋아한다며 사진 촬영을 부탁한다. 사진 찍을 때는 얼굴을 가렸던 부르카를 내리는 센스를 보이기에 나도 햇볕을 가리기 위해 썼던 마스크를 벗으며 장단을 맞췄다.

늙은 목동이 소와 양을 몰고 벌판 위에 짙푸른 풀빛 잉크로 텅 빈 하루의 원고지를 반쯤 채우면, 햇살은 길 위에 배를 채우고 게으르게 드러누운 소와 개들 옆으로 누을 때면 내 배꼽시계도 시간을 알린다. 식당을 찾아가 야외의 자리에 앉으니 주인은 원숭이들이 밥을 채가니 안으로 들어가서 자리를 잡으라고 한다. 조금 더 깊숙한 안 자리에 앉아야 했는데 안으로 들어가 조금 바깥쪽으로 앉았더니 일이 벌어졌다. 운전기사의 파니어 프라타를 접시 채 순식간에 채간다. 원숭이 신 하누만에게 보시를 제대로 했다.

하누만은 신 중에서 가장 지위가 낮은 신이지만 가장 기도를 잘 들어주는 신이기에 일반 서민들은 하누만에게 기도하면 '기도발'이 잘 먹힌다는 믿음이 있다. 기도만 잘 들어준다면 그깟 파니어 프라타 한 접시쯤이야 상관없다. 원숭아, 원숭아! 파니어 프리타 많이 먹고 이 땅위에 평화를 새벽안개처럼 자욱하게 내려다오! 남북한의 구원(舊怨)을 갠지스 강에 죄를 씻듯이 깨끗이 씻어다오!

하누만은 바람의 신 바유의 아들로 뛰어난 기민함과 하늘을 날아다니는 재주, 모습과 크기를 바꾸는 능력을 가지고 있다. 하누만의 신화는 중국으로 전해져 명나라 때 작가 오승은이 영감을 얻어 손오공이라는 캐릭터를 창조했다. 그러나 아무리 재주가 많다고 해도 부처님 손바닥을 벗어날 수 없었고 삼장법사가 함께 인도 여행을 하자며 오공(悟空)이라는 법명을 지어줬다. 오공은 대승불교의 핵심인 '빈 마음을 깨친다.'는 의미이다.

우리 고조선 문화의 발원이 송화강 강가의 부여이다. 원시인들이 수렵과 채취로 식량을 얻다가 그 인구가 불어남에 따라 식량을 효율적으로 더 많이 생산하기 위하여 목축과 농사를 짓기 시작하였다. 이를 위하여 초지와 농지를 확보하기 위하여 초목을 태워서 들을 개척하였는데 불로서 얻어진 벌판이라 하여 '불'이라 하였다. 부여는 고조선 민족이 최초로 개척한 벌판이요 곧 불(火)이다.

불을 이용하면 손쉽게 땅을 개간할 수 있었고 음식도 익히고 가죽을 가공하여 옷과 신발도 만들며 진흙을 구워 집과 성벽도 쌓을 수 있었다. 불의 발견은 인류의 혁명이요 신앙이 되었다. 불로서 얻은 벌판을 '불'이라고 부르다가 부루, 품리, 부여, 부리, 불내, 불이, 벌, 발 등으로 불렀는데 이 모든 것이 불의 음역이라고 한다.

고대 어휘 중에서 우리 민족의 뿌리를 밝히는데 가장 확실한 것 중 하나가 옛 지명이다. 이 지명은 한족들이 살았던 지역에서는 발견되지 않는 우리 민족의 고유한 지명이다. 김부식의 삼국사기에서도 신라의 모든 '벌'들도 불(火)로서 표기를 하고 있다.

학자들의 연구에 따르면 이러한 지명이 우리 민족의 발자취를 따라 이어지고 있는 것을 발견할 수 있는데 놀라움을 감출 수 없다. 한반도를 비롯한 그 북부와 만주 일대, 그리고 시베리아 동남부 해안까지 존재하며 그 지역은 곧 우리 민족이 거주했거나 영향을 끼친 지역으로 의심할 여지가 없다. 그런데 인도대륙을 가로지르다 보니 인도 중북부에는 칸푸르, 자발푸르, 고락푸르, 가락푸르 등 푸르로 끝나는 지명들이 많다는 것을 발견한다.

그런데 뭔가 냄새가 모락모락 나서 더 공부해보니 태국의 지명도 촌부리, 칸차나부리, 펫차부리, 푸라친부리, 산티부리 등 부리로 끝나는 지명이 있다. 그리고 터키의 유명한 이스탄불, 또한 스칸디나비아에는 "베리, 부리, 보리" 따위의 지명이 많이 남아 있다. 이 같은 표기가 독일 계통의 민족은 성(城)을 뜻하거나 도시를 뜻하는 '-보르크(-borg), -베르크(-berg), -부르크(-burg, -bruck)"로 바뀌었음을 쉽게 짐작할 수 있다. 하이델베르크(Heidelberg), 함부르크(Hamburg), 잘츠부르크(Salzburg) 등이 그러하다.

인도에는 국어가 없다. 워낙 다양한 민족이 섞여 살기 때문이다. 영어가 공용어이고 힌디어가 주요 언어지만 힌디어의 역사는 짧다. 드라비다 어가 역사가 길다. 그런데 한국어와 드라비다어가 유사성이 많다. 한국어 속에 쌀, 벼, 풀, 씨 같은 농업용어는 모두 인도 토착어인 드라비다어에서 유래한 것이라고 한다. 또한 인체 부분 명칭, 친족 호칭 등이 비슷한 단어가 많다.

북으로 연결됐을까? 남으로 연결 됐을까? 신라와 가야의 역사 기록에도 인도계로 보이는 바다를 건너서 온 석탈해와 허 왕후가 있다. 결국 이들의 영향으로 드라비다족의 타밀어가 신라어와 가야어에 영향을 주고 현재의 한국어에도 영향을 주지 않았을까?

인도를 식민지화 시킨 것은 영국 정부나 군대가 아니라 동인도회사였다. 동인도회사는 인도를 지배하기 위해 현지인 용병을 고용했다. 이들은 힌두교, 무슬림, 시크교도들로 구성되었다. 이들을 가리켜 '세포이'라고 불렀다. 이들이 세포이 항쟁을 일으킴으로써 영국은 큰 혼란에 빠졌고 식민지배에 큰 차질이 생겼다.

항쟁의 시작은 세포이들에게는 소총이 지급되었는데 병기 및 탄약통의 녹을 방지하기 위하여 지급되는 기름이 소와 돼지의 기름을 사용한다는 소문이 퍼졌다. 힌두교도들은 소를 신성시하고, 무슬림들은 돼지를 부정한 것으로 여겼으며, 세포이 용병 대부분 이 두 종교 중 어느 한쪽을 믿고 있었기 때문에 세포이가 발칵 뒤집힌 것은 당연한 것이다.

이것은 종교 문제의 민감성이나 폭발성에 안이하게 대처한 대표적인 문화충돌의 사례라고 할 수 있다. 항쟁은 빠른 속도로 확대되고 농민과 시민도 가세하여 영국의 식민지배는 중대한 기로에 놓였다. 이들은 과격해져서 영국인을 보기만 하면 다 죽였다. 특히 칸푸르에선 반란군이 항복한 영국 군인들과 민간인들을 학살했는데 남자들은 전부 죽이고, 여자들을 강간한 다음 아이들과 같이 고기 자르는 칼로 토막 살인을 해 시신을 우물에 던져버렸다.

세포이 항쟁은 진압 되었고 영국은 동인도회사를 해체하고 직접 통치로 전환했다. 빅토리아 여왕이 인도 황제를 겸했다. 인간의 역사를 이해하기 위해서는 먼저 종교에 대한 깊은 이해가, 종교를 이해하기 위해서는 인간에 대한 깊은 이해가 선행되어야 하지 않을까?

50 나는 꽃이 아니다. 불꽃이다.

나는 아마도 스스로 판 쥐구멍 한 군데를 움막의 거적 씌우듯이 덮어씌우고 자신을 그 안에 가둬버렸음이 분명하다. 인도인들이 다가와서 내 쥐구멍에 뭐가 있을까 궁금해서 거적을 슬쩍 들췄을 뿐인데 햇살이 눈부시게 들어온다.

내 영혼에는 쥐구멍처럼 하루 종일, 태어나서 지금까지 볕이 안 드는 어두운 곳이 있다. 그 쥐구멍 속에 웅크려 있는 나는 겁이 많고 불안하고 초조하고 위험한 존재이다. 인도의 길 위에서 만나는 아름다운 사람들이 그 구석구석 볕을 쬐어주고 있다. 양말 두 켤레를 사고 계산을 마치고 돌아 나와서 한참을 왔는데 누군가 헐레벌떡 뛰어오면서 부르기에 돌아보았더니 그 사람 손에 백 루피짜리 지폐 두 장이 쥐어져 있었다. 가게도 비워 놓고 내가 흘린 돈을 가지고 뛰어온 것이다. 그 젊은이의 거친 숨결이 아름답게 들렸다.

나는 아마도 스스로 판 쥐구멍 한 군데를 움막의 거적 씌우듯이 덮어씌우고 자신을 그 안에 가둬버렸음이 분명하다. 인도인들이 다가와서 내 쥐구멍에 뭐가 있을까 궁금해서 거적을 슬쩍 들췄을 뿐인데 햇살이 눈부시게 들어온다. 나에겐 두 가지 선택이 있다. 왜 거적을 들췄냐고 화를 내든지, 들춰진 거적을 거두고 햇볕 가득한 벌판에 나오든지 둘 중의 하나이다. 어느 쪽을 선택하든지 나는 인도 여정이 끝나고도 아직도 많은 날을 살아가야 한다. 그러니 왜 어리석게 쥐구멍 안에서 거적으로 구멍을 막고 어두운 가운데 살아야 하겠나?

유모차를 밀며 드넓은 세상을 다니면서 평화의 노래를 소리 높여 외치는 것은 가슴 벅찬 나의 임무이다. 그 여정 중 단 한 걸음도 더 나아가기 힘이 들 때 반얀나무 그늘처럼 쉴 수 있는 시원한 그늘이 되고, 안식처가 되어주고 기운이 샘솟도록 힘이 되어주는 인도의 아름다운 친구들이 있다. 그들의 친절과 온정이 고통과 외로움, 좌절과 절망, 두려움과 막막함 가운데 미처 깨닫지 못했던 새로운 의미를 부여해준다.

그렇다. "새로 태어나고 싶은 사람은 죽을 각오가 되어 있어야 한다." 헤르만 헤세의 말이다.

그래서 천박한 편리함이나 아름다움만을 찾는 여행자들에게는 인도를 추천했다가 욕먹기 딱 좋을 것이다. 새로 태어나고 싶은 사람, 영혼의 안식이 필요한 여행자들, 특별한 영감이 필요한 예술가들, 새로운 생활방식을 추구하는 종교인, 철학가, 히피들에게 안성맞춤이다. 그런 사람에게 인도는 오디세우스를 유혹하던 세이렌 자매의 노랫소리처럼 유혹의 소리로 매료시킨다.

인도에서 예술적 영감을 얻은 대표적인 예가 헤르만 헤세와 비틀스이다. 헤세는 서른네 살의 나이로 삶의 터전인 호반의 도시 가이엔호펜을 떠나 그의 인생 중 가장 중요한 여행길에 오른다. 인도는 어린 시절부터 동경의 대상이었다. 그의 외할아버지와 아버지가 선교사로 포교 활동을 했던 곳이며 어머니가 태어나 성장한 곳이기도 했다. 어린 시절 양친에게 인도 이야기를 들으며 그곳을 동경하게 되었다. 스물일곱 살 때부터 관심 있게 읽던 동양에 관한 이론적 인식을 실제 체험과 비교할 좋은 기회였다.

그러나 여행은 그리 순탄하지 않았다. 낯선 기후와 형편없는 식사, 열악한 위생 상태로 심한 설사와 건강이 나빠졌다. 그는 인도 본토의 남부 지역을 방문하려던 계획을 포기하고 4개월 뒤 돌아가게 된다. 그는 이 여정을 통해 자신의 지식과 생각이 더 풍부해졌고 동서양의 문화를 함께 통합할 수 있는 사상을 가질 수 있었다고 고백했다. 이 여정은 그에게 인간 내면의 고뇌를 정적으로 바라보는 영적 성장의 계기가 되었다.

유럽 사회 속에서 이방인이었고 스스로 왕따가 되었던 헤세는 방랑 끝에 도달한 동양에서 비로소 생의 본질을 찾게 된 것이다. 인도 여행 후 그는 평화주의자가 되었다. 마치 내가 미대륙횡단마라톤 후 평화주의자가 된 것 같이. 헤세의 대표작이라고 할 수 있는 『데미안』, 『싯다르타』, 『유리알 유희』 등은 그의 인도 여정 후에 쏟아져 나왔다. 1차 세계대전이 발발하자 전쟁이라는 폭력적인 상황에 큰 상처를 받고 자신의 조국 빌헬름 2세를 비판하는 칼럼을 신문에 기고하였다.

한국과 일본에서 헤세 열풍의 진원지가 『데미안』이었다면 서구에서는 『황야의 이리』와 『싯다르타』가 불러온 반향은 엄청났다. 헤세 생전에도 전쟁을 경험한 후 삶의 의미와 방향에 목말라 있던 젊은 세대에게 많은 인기를 얻었지만, 사후인 월남전이 한창이던 1960년대 말 탈권위주의, 반전, 반핵, 환경 운동을 내세우며 미국 및 유럽 사회를 뒤흔들었던 68 학생운동 세대와 문명을 등지고 자연으로 돌아가고자 했던 히피들이 바이블처럼 여기고 열독하면서 헤세 열풍을 선도했다.

서구 자본주의 사회에서 반사회적인 반항아였던 헤르만 헤세는 자기 존재를 통해 개인적이고 정신적인 삶의 불꽃이 되어 그 아름다움을 독자들에게 보여주었다. 자본주의와 국가와 기득권과 싸우고,

엘리트주의를 거부하고, 자유를 위해 투쟁하고, 반전반핵운동을 벌이고, 평화주의를 외치고, 환경운동의 선봉에 섰다.

인도의 겨울은 우리네 겨울처럼 혹독하지는 않지만, 가난해서 난방시설이 없고 사방이 탁 트인 움막에서 담요 한 장 뒤집어쓰고 자는 이들에게는 그리 쉽게 나는 겨울이 아닌 듯하다. 그것은 소똥 말리는 일에 열중하는 여인의 손길에서 읽혀지고, 밤새 떨며 자다 일어나 새벽이면 모닥불 앞에 삼삼오오 옹크려 앉은 사람들의 표정에서 나타난다.

새들의 지저귐에 새벽단잠을 깨었다. 천국을 묘사한 그림을 보면 사람과 짐승이 같이 어울려 사는 모습을 묘사한 작품을 볼 수 있다. 인도를 달리면서 가난하지만 이곳이 천국이구나 하는 생각이 문득문득 든다. 왜가리와 까치는 소와 염소의 잔등에 올라타서 오수를 즐기는 모습이 정겹다.

개는 대로에서 팔자를 그리며 자다가 내가 달려가는 소리에 단잠을 깨서는 심통을 부리며 달려든다. 간혹 온순한 물소가 다가와 왕방울만 한 눈을 더욱 크게 뜨고 나를 관찰한다. 어쩌면 그렇게 수줍어하면서도 호기심에 가득 차 나를 에워싸고 조잘거리는 아이들의 눈망울과 비슷한지 모르겠다.

인도 사람들은 기본적으로 육식을 안 한다. 이 마을 저 마을 지나면서 식당에서 육식을 먹기란 하늘에서 별따기이다. 기껏해야 닭고기 정도이다. 물론 대도시야 사정이 다르겠지만 환생을 믿는 그들로서는 자기도 어느 생에 가축으로 태어날지 모르는데 고기를 먹고 이빨을 쑤시기가 마음이 편치 않을 것이다. 그래서 그런지 멧돼지, 야생 공작새도 사람을 보면 그리 무서워하지 않는다.

 야생 공작새의 무리는 얼마나 아름답고 진귀하고 잊지 못할 모습이었던가? 원숭이들도 마을 한복판에서 내가 신이 날 정도로 재미있게 유희를 즐긴다. 이름 모를 새들의 형형색색 아름다운 모습과 울음소리에 귀 기울이면 천국이 따로 없다. 주렁주렁 열린 바나나 열매, 끝없는 벌판에서 꽃같이 예쁜 사리를 입고 감자를 수확하는 여인들, 그러나 이 모든 것보다 더 아름다운 것은 사람들의 검은 보석 같은 눈망울이다. 가까이 다가가야만 느껴지는 친근한 숨결이다.

 나는 사람과 자연이 함께 건강한 생태적 삶의 전형을 인도에서 본다. 그런 의미에서 인도는 나라 전체가 자연과 인간이 함께하는 치유의 휴양지인 셈이다. 오늘의 강물은 어제 같은 모습으로 흐르다가 보이지 않는 형체로 하늘로 올라 히말라야 산 위에 눈으로 내리고, 물이 되어 갠지스 강에 흐른다. 사람들은 생을 영위하다 재가 되어 강물로 흐르다 하늘과 산의 순환 변천하는 물의 현상에 따라 더 나은 환생을 꿈꾼다.

 나는 꽃이 아니다. 힌두스탄 평원의 바람을 타고 세상 끝까지 번져나가고 싶은 불꽃이다.

51 누가 뭐라 해도 새들은 노래하고 어둠은 걷힐 거야!

인도인들은 환생을 믿는다. 나도 언젠가는 축생이 될 몸이니, 육식을 안 하고, 동물을 잡거나 괴롭히지 않는다. 그러니 동물들이나 새들도 사람을 피하지 않는다.

세계인이 제일 많이 가보고 싶어 하는 타지마할로 가기위해 아그라로 향하는 길은 새들의 낙원이다. 앞에서 언급했지만 인도인들은 환생을 믿는다. 나도 언젠가는 축생이 될 몸이니, 육식을 안 하고, 동물을 잡거나 괴롭히지 않는다. 그러니 동물들이나 새들도 사람을 피하지 않는다. 문득 어렸을 적 숲속을 헤매며 새알을 수집하러 다니던 악동 시절이 떠오른다. 인도의 아이들은 어려서도 그런 놀이는 안 한다.

그러니 동물들도 사람을 피하지 않고 사람과 가까이 산다. 숲속의 모든 생명은 각자의 삶을 살고 있는 것처럼 보이지만 자세히 들여다보면 서로 긴밀히 소통하며 공존하는 것을 알 수 있다. 자연은 고유의 색과 모양, 냄새와 소리 등 다양한 방법으로 자기 자신을 표현하며 서로 소통하는 것을 알 수 있다. 조금만 귀를 기울이면 자연이 얼마나 수다쟁이며 위트가 넘치는 선생인지 알고 금방 경의를 표시할 것이다. 숲은 고요하지 않아야 건강한 숲이다.

동물원의 철장이나 조롱에 갇혀 있을 새들만 보다가 이렇게 탁 트인 벌판에서 그런 새들을 보나니 정말 꿈같은 감동이 몰려온다. 나는 카메라를 들고 고양이 걸음으로 살금살금 다가가서 천국의 선녀를 처음 만난 듯 경이로운 얼굴로 넋을 잃고 찬찬히 바라본다. 바라보면서 나는 또 한 가지를 깨닫는다. 모든 사물이, 사람이, 모든 날이 어떤 장소에서 만나느냐에 따라서 새롭게 아름다울 수 있다는 것을.

인도에서 만나는 가축이나 야생동물에게서는 상위 포식자에 대한 두려움이나 긴장감보다는 평온한 숨결이 느껴진다. 주변의 그 무엇에도 방해받지 않는 몸놀림이 여유롭기만 하다. 공작새의 화려한 꼬리는 이성의 관심을 끌고 종족 보존을 하려는 본능이지만 포식자의 눈에 띄기 쉬워 야생의 생태계에서는 포식자의 공격 대상이 되기에 십상이다. 공작새를 인도의 야생 들판에서 흔히 볼 수 있는 것은 그런 안전성이 보장되어서가 아닐까 생각한다.

코로나로 인해 사람들이 밖으로 나오지 못하자 세계 각지에서 야생동물들이 도심에 나타나 활보하는 것이 자주 목격되었다고 한다. 도시에서도 야생동물들의 수다와 재치 있는 강의를 들을 수 있었으면 좋겠다. 사람들과 뭇 생명이 어울려 같이 사는 쾌적한 도시를 상상하는 것만으로 기분이 좋아진다.

나도 이 벌판에서 화려한 깃털을 활짝 펴고 사람들의 관심을 끌기 위해 파란색의 한반도 깃발을 꺼내 활짝 펼친다. 머릿속에 그려지는 통일 한국의 모습은 공작새의 깃털에 비교도 안 될 만큼 화려하고 눈부시게 펼쳐졌다. 한반도는 결코 변방이 아니다. 미·중·러·일의 심장부에 자리 잡고 있다.

이 벌판에서 아름다움을 뽐내는 새는, 우선 내가 이름을 아는 새만도 공작새, 앵무새, 크낙새, 지빠귀, 왜가리, 물총새, 까마귀 등이 있다. 그러나 그것도 이름만 알뿐 우리 일상에서는 볼 수 없는 신기한 새들이 즐비하다.

눈부시게 아름다운 평원, 새들의 낙원에서 완벽하게 조화를 이루는 새들의 봄의 합창곡을 들으며 막걸리에 취한 듯, 자연의 평화에 취한 듯 황홀경에 취해 봄이 오는 인도의 벌판을 달려가니 이성과 마법이 하나가 된다. 어둠이 걷히는 순간 들판의 새들은 간절한 마음을 담아 노래한다. 새들의 노랫소리는 봄이 되면 만물의 약동하는 리듬에 맞춰 비발디 사계의 봄처럼 한결 경쾌하고 가볍다. 새들의 합창은 하늘이 주는 선물이다.

진동수가 음의 높낮이를 정한다면 진폭은 소리의 크기를 결정한다. 무질서하게 지저귀는 것 같지만 유기적으로 완벽한 조화를 이룬다. 이제 자연의 심포니에 흠뻑 빠질 준비가 되었다. 새들은 제각각 노래하는 시간이 다르다. 해뜨기 전에는 종류별로 따로 솔로로 연주하다가 태양이 지평선 너머로 솟아오르는 순간부터 우렁찬 벌판의 심포니가 펼쳐진다. 철없는 개가 가끔 멍멍 짖어 분위기를 깨트리지만 누가 뭐라 해도 아침 시간 들판은 새들의 시간이다. 자신의 존재감을 과시하는 시간이다.

작은 새일수록 소리가 높아서 하늘로 솟는가 하면, 하늘의 은총과 축복을 가득 싣고 치솟아 오르면서 싱그러운 선율은 반복되고 변화하고 휘어진다. 큰 새의 노랫소리는 저음으로 땅으로 잠긴다. 넓디넓은 들판에 새벽안개가 깔리듯 고요하고 청명한 소리로 나그네의 지친 영혼의 말초신경을 나도 모르게 자극하여 청명한 감정이 일어나게 한다. 날아다니듯 금관악기의 소리처럼 가깝게 와닿다가 첼로나 콘트라베이스처럼 금방 멀어지는 새소리에 어제의 고단함을 잊고 새 힘을 얻는다. 음악의 효과는 우리 영혼에 직접적인 영향을 끼친다.

새들의 삶도 결코 만만치 않다. 먼동이 터 오르고 하루가 열리면 부지런히 먹이를 찾아야 한다. 저렇게 자신의 존재감을 알리기 위해

목청 높여 노래하고, 짝짓기를 하고 새끼를 낳게 되면 새들의 활동은 더욱 부지런해야 하고 더욱 고단해진다. 새들은 새끼에게 하루 백 번 이상의 먹이를 갖다 준다고 한다. 그런 고단한 삶을 살면서도 새들은 내일을 염려하지 않고 노래한다. 그 노랫소리에는 내일의 희망이 담겨있고 자신감이 담겨있다.

바로 옆에는 새들의 합창소리에 음률을 맞춰 감자를 수확하는 농부들의 일손이 바쁘다. 14억 인구를 살찌우는 인도에 없어서는 안될 식량이다. 작고 못생긴 감자는 옆에서 노는 동물들과 새들에게 던져준다. 우리도 예전엔 나눠주고 남는 것으로 잘 키워서 사람이 먹는 것이 농사라 하였다. 그렇게 함께 살아가는 것이다. 여기에 위대함이란 없다. 다만 끝없이 이어지는 삶이 있을 뿐이다. 가난하지만 기쁘고 자족한 영혼들의 아름다움만 햇살을 받아 반짝일 뿐이다.

인도 들판의 감자밭을 보면서 네덜란드의 농부들이 고단한 하루 일과를 끝내고 어둡고 비좁은 방에서 다섯 명의 가족이 모여 식탁에서 감자를 먹는 빈센트 반 고흐의 '감자를 먹는 사람들'의 모습이 겹쳐진다. 아무리 봐도 다른 음식이 없어 김이 모락모락 나는 찐 감자와 찻잔이 전부이다. 조촐한 식탁이지만 정감만은 가득하다. 무뚝뚝한 남자가 손으로 아내에게 식기 전에 어서 먹으라고 손짓을 한다. 가난하지만 정직한 한 끼의 식사를 통해 가난이 불편하지만 꼭 불쌍하지만은 않은 건 가족이 서로 우애가 깊기 때문이다.

송인엽 교수가 아그라로 나를 맞으러 왔다. 여정의 딱 절반을 넘긴 시점이다. 언제나 든든한 평화마라톤의 후원자이다. 김태원 씨가 가지고 온 돼지고기와 쌀이 다 떨어져갈 무렵이었다. 인도인들의 별난 식습관 덕분에 인도에서는 본의가 아니게 육식을 거의 못한 터였다. 더구나 반가운 것은 그의 짐 속에 이기만 씨가 보낸 막걸리가 두 병이 다소곳이 들어있었다. 5개월 만에 맛보는 그리운 맛이다. 막걸리가 몹시 그리웠다.

달리면서 힌두스탄 평원의 새들의 지저귐처럼 평화의 노래를 목소리 높여 부르는 것은 나에게는 막걸리 같아서 여정이 아무리 힘들고 고단해도 하루의 힘든 노동을 끝내고 마시는 막걸리처럼 피곤함을 잊게 해주었다. 그러나 어디 고국에서 공수해온 진짜 막걸리 맛에 비하겠는가? 석 잔을 마셨더니 알딸딸해져서 오랜만에 깊은 잠을 잤다.

우리는 다시 어제 마친 자리로 가서 아그라로 들어오는 마지막 길을 같이 달리다 송교수는 바로 아그라 시청에 평화마라톤을 홍보하러 갔고 점심때 쯤 연락이 왔다. 시장은 출장 중이고 대신 시의장이 평화마라토너가 유서 깊은 도시 아그라를 지나는 것을 환영하고 기자회견을 할 것이라고 연락이 왔다.

아그라에서 꿀 같은 휴식을 위해서 2주 동안 쉬지 않고 강행군을 하였다. 몸은 지칠 대로 지치고 힘들지만 아그라 시청까지 마지막 힘을 내서 달려갔다. 아무나 강 옆에 타지마할은 세계 곳곳에서 온 관광객들로 앞을 뚫고 나갈 수 없을 지경이었다. 조금 더 가니 무굴제국의 3대 황제 악바르가 만든 아그라 성이 갠지스강의 지류 아무나 강가에 그 위용을 자랑하고 버티고 서 있었다.

개발을 이유로 숲의 나무는 베어지고 우리들의 친구들의 삶의 터전을 잃는다. 어떤 길도 다시 태고의 세계로 우리를 돌아가게 인도하지는 않을 것이다.

누가 뭐라 해도 새벽은 올 거야, 누가 뭐라 해도 평화는 올 거야, 누가 뭐라 해도 새들은 노래하고 어둠은 걷힐 거야!

52 타지마할이 아니다

하얀 대리석으로 지어진 건물이 해가 뜨고 짐에 따라 그 자태가 변하는 건축물은
유일하지 않을까 싶다. 위대한 예술을 창조한 사람들의 예술혼과 거기에 강제 동원
되어 고통적인 노역을 담당했을 백성들의 수고를 생각하는 나의 이중적인 감성은
헷갈리기 일쑤이다.

인도 여정에서 가장 주요한 장면은 무굴제국의 동화 속 궁전같이 그 화려하다는 타지마할을 관광하기 위함이 아니었다. 세기적인 사랑이란 수식어에 귀가 솔깃해서도 아니었다. 남국의 강렬한 태양 아래 반짝이는 하얀 대리석 돔 위로 화려한 공작새가 날고, 녹색의 앵무새가 날아다녀서도 아니다.

타고르는 타지마할을 '영원의 얼굴 위에 떨어진 눈물 한 방울'이라 했다지만 그것은 시인의 허풍일 뿐, 무굴제국의 제왕 샤 자한(Shah Jaban)이 사랑하는 왕비 뭄타즈 마할(Mumtaz Mahal)을 추모하기 위해 불쌍한 백성을 동원하여 세운 토목공사일 뿐이기 때문이다. 그곳을 짓는데 소요된 경비는 샤자 한의 개인 재산에서 현금으로 지급했으며 공사 기간 동안 세금을 한 푼도 올리지 않았다는 말이 흥미를 끌기는 했다.

그러나 말이 그렇지 제왕이 곧 국가이던 시절이었다. 제국의 재정 상태가 휘청했음은 말할 것도 없고 백성들은 도탄에 빠졌음이 불을 보듯 훤하다. 제국의 수도 아그라에 타지마할이 축조하는 22년 동안, 페르시아, 이탈리아, 프랑스 등에서 유명한 기술자와 장인들을 모조리 불러 모았다. 미얀마는 물론이고 멀리 중국과 오스만 제국, 이집트에서까지 온갖 건축자재가 수송되었다.

문화 유적이라는 것이 대개가 다 백성들의 고혈을 짜서 만든 것임에도 불구하고 사람들의 발길을 유혹하는 것은 그 나름의 이유가 있다. 정교한 양각과 음각의 상감 기교를 예술품 감상하듯이 그렇게 감상하고플 따름이었다. 거기엔 인도인들의 보편적 삶이나 정신세계가 어려 있지 않기 때문이다.

인류의 최고 문화유산 앞에서도 뾰로통한 심산을 감추지 못하는 방랑자의 피곤한 발길을 끌어당기는 마력은 그럼에도 불구하고 그것이 최고의 예술품이기 때문일 것이다. 이처럼 완벽한 기하학적 비율과 좌우대칭의 조형미, 야무나강 등 주변 경관과의 조화는 감탄을 자아내기에 충분했다.

인도와 페르시아, 터키, 이슬람, 프랑스의 보르도, 이태리의 베네치아의 건축가까지 참여했으니 세계적인 건축 양식과 기술이 총체적인 조화를 이루어 신비롭고 찬란한 아름다움을 발산하고 있다. 뿐만 아니라 여러 나라에서 수입된 대리석, 청금석, 홍옥석, 공작석, 터키석 등의 석재를 사용했고 외벽은 루비, 사파이어, 옥과 같은 보석으로 화려하게 장식했으며 500킬로그램 이상의 금이 사용되었다.

하얀 대리석으로 지어진 건물이 해가 뜨고 짐에 따라 그 자태가 변하는 건축물은 유일하지 않을까 싶다. 위대한 예술을 창조한 사람들의 예술혼과 거기에 강제 동원되어 고통스런 노역을 담당했을 백성들의 수고를 생각하는 나의 이중적인 감성은 헷갈리기 일쑤이다.

왕비를 너무 사랑한 황제 샤 자한은 전쟁터에까지 왕비와 함께 출정하였다. 열네 번째 공주 라우샤나 아라 베굼을 출산한 직후 뭄타즈 마할은 39세의 나이로 숨지고 말았다. 사랑하는 아내가 죽자 샤 자한은 큰 충격을 받아 그 자리에서 기절하고 깨어난 뒤에는 "뭄타즈 마할! 뭄타즈 마할!"을 부르며 실성한 사람처럼 울부짖었다고 한다.

비탄에 잠긴 샤 자한은 2년 동안 기름진 음식을 먹지 않았고, 화려한 황제의 복장도 하지 않았으며 음악과 연회를 베풀지 않았다고 한다. 타지마할은 샤 자한이 사랑했던 왕비의 죽음 앞에서 순애보적 집념만으로 세상에서 가장 아름다운 묘지를 만들어 줄 것을 약속하고 지은 묘당이다.

정복왕 샤 자한은 본래 남다른 예술적 재능을 타고났고 특히 건축을 사랑했다. 그런 그가 사랑하는 아내가 죽자 예술적 정열과 국력을 쏟아 세상에서 가장 아름다운 묘당을 지으려고 전쟁도 안 하고 오로지 그 일에만 몰두하였다. 타지마할을 짓는 22년간은 남중앙아시아에 평화가 찾아왔다. 그러니 사랑과 전쟁은 상극이요, 사랑과 평화는 상생이다.

마침내 샤 자한은 셋째 아들 아우랑제브에 의해 폐위되었다. 아우랑제브는 아버지 샤 자한이 무차별한 국고 낭비로 왕국을 위험에 빠뜨렸다는 이유로 반란을 일으켜 왕위를 찬탈했다. 이방원처럼 불효막심한 아들은 아버지의 소원 두 가지는 들어주었다. 하얗게 빛나는 위대한 사랑의 증거 타지마할을 아그라성에서 내려다볼 수 있게 배려한 것이다.

그는 타지마할이 바라다보이는 아그라성의 작은 방 무심만버즈에 갇혀 8년을 타지마할을 바라본 후 파란만장한 생을 마감했다. 그리고 부왕의 사후 그를 그렇게 생전에 사랑하던 어머니 곁에 안장해주는 최소한의 효도는 했다.

내가 인도 여정 중 가장 보고 싶었던 것은 찬델라 왕국의 성(性)스러운 에로틱한 조각상도 아니다. 사람들은 사원 외벽에 조각된 남녀

교합상을 보면서 참지 못하는 웃음을 키득키득 웃거나 그걸 기대하고 왔으면서도 때로는 너무나 외설적이라며 눈을 가리기도 한다지만 내가 그곳에 간다면 나는 어떤 표정일까? 나는 아무튼 이번 여정 중에 그곳을 갈 일은 없지만, 송 교수가 그리로 간다고 갔으니 표정이 어떨지 궁금하다.

찬델라 왕국이 건축한 수많은 사원과 그 사원을 장식하는 미투나 상에 대해 마하트마 간디 같은 성(聖)스러운 사람은 "모두 부숴 버리고 싶다."고 했으니 이런 말은 성(聖)스러운 사람의 언어는 아닐지 싶다. 그리고 어떤 성(性)스러운 이들은 아름다운 예술 조각상이라며 탄성을 자아내기도 한다고 한다. 나는 다만 인도인들의 삶 속에서 성(聖)스러움과 성(性)스러움의 구분이 어떻게 구분되는지 살짝 궁금하긴 하다.

나는 다만 인도의 여정 중에 살아 숨 쉬는 인간의 원형을, 그들이 어떻게 수많은 민족과 종족, 수많은 종교와 풍습과 언어가 다름에도 같이 어울려 평화를 이루고 화합하고 사는지 사람들을 만나고 싶었다. 기쁨은 외부환경에 의해 좌우되는 것이 아니다. 기쁨은 평화로운 삶에서 온다. 기쁨과 평화는 언제 어디서나 스스로 찾아낼 수 있는 것이다. 기쁨과 평화야말로 혼란한 세상에서 우리가 꼭 되찾아야 할 가치이며, 우리의 미래를 이끌어갈 힘이다.

53 "오래된 미래"

사람들은 거리로 나와 서로에게 사랑의 표시로 성별, 빈부, 계급에 상관없이 서로의 얼굴에 다양한 색깔의 가루를 발라주고 뿌리기도 한다. 다양한 색깔의 얼굴색을 하고 거리에 나와서 밴드의 가락에 맞춰 춤을 춘다.

이제 인도의 여정도 막바지에 접어들었다. 오늘 뉴델리의 코앞 푸리다밧까지 왔다. 내일이면 인도의 심장 뉴델리의 인디안 게이트에 당도하면서 인도에서 달리기 일정은 마친다. 꼬박 두 달간의 여정이었다.

적지 않은 시간이었지만 인도를 알기에는 형편없이 부족한 시간이었다. 돌아보니 나는 철저히 나그네의 눈으로 인도를 바라보았다. 인도인의 삶 속에 뛰어들지 못하고 철장 밖에서 안을 들여다보듯 엿보기만 했다. 최대한 가까이 다가서려 했지만, 마음뿐 인도에 들어와서 인도와 격리된 채 두 달 동안 길 위에서 만난 사람과 자연의 풍광을 그려보았다.

나이가 드니 도무지 새로운 것을 시도할 줄 모르는 완고한 늙다리가 되어 가는 모습이 슬프다. 새로운 세상을 찾아 나선 모험 중에서도 말이다. 입맛은 그 어떤 거보다 더 완고하다. 나는 두 달 내내 '파니어 프라타' 외에는 다른 인도 음식은 아예 거들떠보지도 않았다. 그나마 맛살라가 듬뿍 들어간 인도의 서사시와 같은 인도 짜이 마니아가 되었다. 짜이는 내가 유일하게 즐기는 인도의 오감이다.

오늘은 인도 전역에서 펼쳐지는 힌두교 전통의 봄맞이 축제의 날 홀리(Holi)이다. 일명 컬러(Color)축제이다. 이날은 힌두력에서 한 해의 마지막 날에 해당하는 보름날이다. 홀리 축제에 사람들은 오래된 물건을 태우거나 정리하는 등 새해맞이를 준비한다. 인도 사람들은 기원전부터 보름달에 가정의 평화와 안녕을 기원하는 풍습이 있었다.

사람들은 거리로 나와 서로에게 사랑의 표시로 성별, 빈부, 계급에 상관없이 서로의 얼굴에 다양한 색깔의 가루를 발라주고 뿌리기도 한다. 다양한 색깔의 얼굴색을 하고 거리에 나와서 밴드의 가락에 맞춰 춤을 춘다. 태국에 송크란 축제가 물의 축제라면 인도의 홀리는 물감, 염료의 축제이다. 홀리 축제가 가장 규모가 큰 것은 엊그제 지나온 마투라라는 도시에서 열리는 축제이다. 힌두교의 신인 크리슈나가 태어나 자란 지역으로 인도 사람들은 이곳을 브라즈라 부른다.

몇몇 사람들이 다가와 내 얼굴에도 아르비라는 색가루를 바르려고 하기에 기겁을 하고 하지마라고 손사래를 쳤다. 상대가 무안해할 줄 알지만, 지난번 거리축제에 동참했다가 색 가루를 뒤집어쓰고 저녁때 숙소에 들어가 샤워를 하고 빨래를 해도 잘 지워지지 않은 불쾌한 생각이 나서 어쩔 수가 없었다. 나는 어쩔 수 없는 이방인으로 인도의 홀리 축제의 구경꾼이 되었다.

오늘은 학교나 가게들도 다 문을 닫아서 점심 먹는 식당을 점심시간이 한참 지난 후에 만나서 나는 색가루는 안 뒤집어썼지만 대신 가끔 극도로 배가 고플 때 생기는 세상이 노랗게 변하는 현상 속에서 온통 노랗게 뒤집어쓴 기분이 들었다.

우리가 지금껏 의심의 여지 없이 정상이라고 생각하고 추종하는 비정상적이며 악랄한 현실들이 안개와 미세먼지가 걷히며 보이듯 모습을 드러낸다. 이 아름답고 광활한 힌두스탄 대평원이 선명해지듯이 선명해지고 있다. 세계화는 무책임한 다국적 기업과 금융자본이 정부 정책을 결정하고 더욱이 세계를 움직인다는 워싱턴의 정책을 좌지우지하면서 각국이 전통적으로 지켜왔던 문화까지 말살하고 주도하는 경제적 흐름이 되었다.

이런 식의 자본주의는 과연 지속 가능한가? 인류가 지난 3백여 년 동안 피 흘려 이룩한 민주주의는 변질되어 가는데 다른 대안은 있는가? 양극화는 점점 더 심화되어 가는데 다른 대안은 없을까? 금융자본이 정치와 언론과 법조계까지 지배하면서 그들의 이익을 위해서는 전쟁까지 부추기는 이때 어떻게 시민들은 평화를 지켜내며 공정이라는 가치를 지킬 수 있을까?

오늘날 우리가 목격하는 환경과 사회의 파괴는 그걸 주도하는 기업 가치의 결과물이다. 지역 경제가 튼튼해야 지속가능성과 행복을 이룰 수 있다는 통찰을 얻었다. 인간은 어쩌면 동물이 아니라 식물에 가까운 존재일지 모른다. 이웃과 더불어 살고, 아직도 대부분 나라의 농촌 마을 사람들은 태어난 곳에서 자라고 그곳에서 죽는다. 사람은 공동체를 형성하면서 뿌리를 내리고 살아갈 때 더불어 사는 소중한 가치를 맛보게 되고, 그것은 결코 돈으로 환산될 수 없는 삶의 가치이다.

마을 공동체 안에서는 서로가 서로에게 의지하며 정신적으로 지원해주고 도와주면서 기쁨을 만들어왔다. 오늘날 전 세계 거의 모든 나라의 사람들에게서 적대감, 우울, 분노 등의 증상이 매우 빠른 속도로 증가하고 있다고 한다. 많은 사람이 항우울제 처방을 받는다. 이런 사람들에게 항우울제보다 인도 여행을 추천한다. 여행하며 인도 사람들을 만나보고 아쉬람 같은 명상 센타나 마을공동체 등에서 생활하면서 가정이나 직장, 또는 학교 등에서 겪는 압박감을 극복해보라고 권하고 싶다.

헬레나 노르베리 호지는 그의 저서 '오래된 미래'에서 이러한 파괴적 세계화에 맞서서 지역화 전략을 회복해야 한다고 말한다. 지역 공동체와 상호부조의 가치를 재발견하자는 것이다. "빠른 속도로 발전하는 것은 바람직하지 않으며 사람과 사람을 연결하고, 그 안에서 행복해하며 자연과의 소통을 통해 행복할 수 있다."고 역설했다. 모든 생명체는 능동적으로 정보를 주고받는다. 조금만 주위에 귀 기울이면 자연과 소통하는 심미안을 가질 수 있다.

라다크 사람들은 혹독한 기후와 빈약한 자원 환경에서 생활하지만 검소한 생활, 배려와 협동, 그리고 자연과 공존하면서 건강한 공동체를 유지하면서 살아왔다. 열악한 환경 탓에 물질적으로는 풍족하지 않지만 이곳 사람들은 가난하다고 느끼지 않고, 가난이라는 단어조차도 없었다. 그들은 정서적, 심리적으로 안정을 누리며 서로 돕고 서로 나누며 존경하고 살았지만 점점 서양 문물에 의해 변해갔다.

"전통적인 방식, 그들 나름대로의 방식대로 오래전부터 살아왔습니다. 그들은 그들과 비교할 대상을 모르고 살아왔고, 그들의 전통방식에 불편함이 없이 살아왔었거든요. 그런데 어느 순간 서양의 문물이 들어오기 시작하면서부터 비극은 시작되었습니다. 그들은 그들의 삶과 다르게 너무나도 편한 것을 보고는 자신의 문화(문화는 어떤 것이 우월하고 어떤 것이 열등함이 없음에도)가 열등하고 뒤떨어진다고 여기기 시작했던 것이죠. 부족한 것 없이 전통적인 방식으로 잘 살아왔었지만, 서양문화는 그들의 삶의 방식을 바꿔놓았고 그리고 그들을 불행으로 몰아넣었습니다. 자급자족하는 생활 형태에서 돈으로 상품을 사고 파는 사회로 변화를 하게 되었거든요."

  민주주의와 자연을 비인간적인 제도로부터 지켜낼 방법은 없을까? 인도는 다행히 아직 고도 소비 사회로 들어서지 않았다. 지금부터 방향을 잘 잡으면 그것이 헬레나 노르베리 호지의 저서 제목처럼 '오래된 미래'의 표본을 만들어 갈 수 있다는 희망을 보았다. 오늘 새벽 내가 본 힌두스탄 평원의 익어가는 밀밭 위로 떠오르는 여명의 햇살보다 더 찬란한 것이다.

54 나마스테 마하바라트!(안녕 위대한 인도!)

이어서 한국문화원에서 한인회와 민주평통의 환영행사와 하소라 가야금 연주자의 연주회가 열렸다. 다음날은 Sigma Group 총수이자 주인도 명예총영사인 Jagdip Singh이 아그라 신문에서 내 기사를 보고 나를 꼭 만나보고 싶다고 대사관에 연락해서 오찬을 베풀었다.

싹을 틔워낼 게다.

봄바람 하늬바람 불어오지 않느냐
내가 지나온 발자국 위에
구름이 몰려와 비가 쏟아질 게다.

저 들판에 바람이 실어온 풀씨들
내 흥건한 땀으로라도 싹을 틔워낼 게다.
내 몸을 썩혀서라도 싹을 띄워낼 게다.

풀씨 향기로 피어나는 날
옆의 그 누구라도 부여안고
어화둥둥 춤을 출 게다.

그 향기 하늘 아래 가득히 퍼지는 날
부르튼 발 질질 끌면서
아름다운 봄을 노래 부를 게다.

　신비한 나라, 낯설고 이색적이어서 충격을 안겨주었던, 그러나 시
간이 지나면서 친근감과 안정감을 주어서 마음을 텅 비우고 치유까
지도 주었던 동화 같은 나라 인도이다. 미지의 세계는 나의 인간적인
미숙함을 적나라하게 드러나게 했다. 그러나 인도를 달리면서 나는
비 맞은 나무처럼 새싹이 돋았다. 새 힘을 얻었다.
　인도의 마지막 구간인 파리다밧에서 뉴델리의 하늘은 화창하고

맑았다. 거리에는 아직도 홀리 축제의 분위기가 감돌고 있었다. 사람들 얼굴과 옷은 빨았지만 색감이 지워지지 않았고, 어느 도시나 그렇듯 도시의 길은 복잡하고 혼잡하여 길을 잃었다. 좁고 거친 길에 잘못 들어 한 시간을 헤매다 겨우 빠져나와서 여유 있었을 시간을 늦을까 봐 마음이 조급해졌다.

인도의 심장 뉴델리, 그곳의 중심 인디아 게이트에서 이번 여정의 여러 가지 배려를 아끼지 않았던 인도한인회 박의돈 회장을 비롯한 여러분이 나와서 환영해주었다. 세계1차대전 때 영국군의 징집병으로 참전한 8만 5천여 명의 희생자를 기리는 조형물이다. 저쪽으로 대통령궁이 보인다. 광장에는 나들이 인파로 가득했다. 사람들은 우리 환영 행사에 눈길을 주었고, 행사내용을 알고는 몰려와 박수도 치고 같이 축하하며 기념촬영을 하였다.

콜카타에서 뉴델리까지 거의 두 달간의 여정이었다. 오래된 제국의 유산이 많이 남아있고 세계의 종교들 가운데 4대 종교인 불교, 힌두교, 시크고, 자이나교의 발생지이며 4대 문명의 발생지라 보고 싶은 문화유산, 신화와 오랜 이야기를 품은 곳을 들르고 싶은 곳도 많았지만 앞만 보고 달려왔다. 내가 오로지 닿고 싶은 곳은 전쟁이 없는 세상, 서로 측은하게 여기며 상생공영하는 평화세상 이화세계이기 때문이다.

다음날 오찬은 장재복 주인도대사가 초청해서 대사관에서 차담을 하고 중식당으로 옮겼다. 코스 요리를 주는 대로 남김없이 다 받아먹었는데 오랜만에 기름기 있는 음식을 포만감이 올 때까지 먹었는데 위장이 놀랐나 보다. 배탈이 나서 밤새도록 설사를 했다. 그 다음날 달라이라마를 만나러 다람살라에 가야 하는 계획을 포기하여야 했다. 10시간이 넘게 이 몸으로 험한 산길을 차를 타고 덜컹거리며 이동하는 것이 무리다 싶었다.

이어서 한국문화원에서 한인회와 민주평통의 환영 행사와 하소라 가야금 연주자의 연주회가 열렸다. 다음날은 Sigma Group 총수이자 주인도 명예총영사인 Jagdip Singh이 아그라 신문에서 내 기사를 보고 나를 꼭 만나보고 싶다고 대사관에 연락해서 오찬을 베풀었다. 국영TV방송 및 2개 민간 TV 그리고 다수 일간, 월간신문사들을 초청해서 前 인도 육군 참모총장 등 재계 인사들과 정계 인사들 우리 외교부 총영사를 비롯해 직원 6명과 한인회 임원 등 30여 주요 인사들에게 평화대장정을 설명하는 자리를 마련하여 주었다.

나는 내 티셔츠에 새겨진 One World, One Korea, Only Peace 를 보여주며 내가 달리는 이유를 설명했다. 우리는 한 세상에 살고 있고 온 세상이 한 가족과 같으므로 남북한도 하나가 되어야 한다. 왜 통일을 해야 되느냐는 한 기자의 질문에는 "가족이 같이 살아야 하는 데는 이유가 필요 없다. 아버지는 북에서 내려왔고 어머니는 서울 사람이다. 남북은 한 가족이다. 그러나 이유를 대라면 수도 없이 댈 수 있다"고 대답했다.

남북한이 하나 되지 못하고 반목하는 한 우리는 언제까지고 강대국의 비위를 맞추는 역할만을 강요받을 것이다. 남북관계를 발전시키기 위해서는 우리의 국익과 민족적 이익을 중심에 두고 주도적으로 판단하여야 한다. 미국, 일본, 중국, 러시아 등 주변 4강은 우리가 이룩할 화해협력과 통일을 위한 외부조력자로 역할만 하면 된다. 남북이 서로 신뢰를 구축하고 협력을 강화하면 자연히 주변 4강에 우리의 발언권도 강해질 것이다.

남의 기술과 북의 자원이 결합하면 우리는 금방 강대국이 된다. 그러나 나는 세계의 질서를 어지럽히는 기존 강대국이 아니라 서로의 다른 문화를 존중하며, 서로 돕고 상생하는 일에 앞장서는 강대국이 되기를 희망한다. 남과 북이 통일이 되면 우리는 비행기를 타야 해외여행을 하는 게 아니라 고속열차를 타고 세계로 뻗어갈 수 있다.

이 밖에도 무엇보다 통일이 인류공동체의 희망의 미래를 제시해 줄 것이다. 2016년 겨울, 언 손을 비벼가며 든 수백만의 작은 촛불이 일궈낸 민주주의의 과정이 온 세계에 감동을 선사히였듯이 우리가 일궈내는 통일이 분쟁과 전쟁의 공포로 신음하는 세계에 '새 희망'을 선사할 것이다.

영미로 대표되는 서구문명이라고 말하는 자본주의의 선두주자들이 서서히 힘을 잃어 가고 있다. 프랑스와 독일이 주축이 되어 EU를 만들었지만 유럽 엘리트들의 새로운 시도가 됐을 뿐 시민들의 동력을 얻는데 실패했다. 통합은커녕 분리 시도가 늘어났다. 스코틀랜드, 북아일랜드, 카탈루냐가 독립을 추진하고 있다. 그들은 세계화의 물결 속에서 당연히 생겨나는 많은 문제점과 어려운 사람들을 충분히 배려하지 못했을 뿐만 아니라 언제나 분쟁의 검은 그림자 속에는 그들의 또 다른 그림자가 어른거렸다.

　세계는 이제 새로운 질서를 요구하고 있다. 이제 세계는 단일 패권의 시대에서 다극화의 시대로 접어들고 있다. 앙숙이던 사우디아라비아와 이란이 손을 잡았고, 올해 주요 20국(G20) 의장국을 맡은 인도의 목표는 "인류의 4분의 3이 사는 '글로벌 사우스(Global South)'의 목소리를 증폭시키는 것이다."라고 목소리를 높이고 있다. 탄탄한 경제 발전 성과를 발판으로 국제 외교 무대에서 근육을 자랑하며 개발도상국의 권익을 보호하겠다며 제3세계 국가의 리더를 자처하고 나섰다.

　러·우전쟁은 단순한 전쟁이 아니다. NATO와 러시아의 대리전이다. 이제 필연적으로 일어날 대륙세력 중국과 해양세력 미국의 대리전이 일어날 곳이 대만인지 한반도인지 강대국들의 결정을 가슴조리며 기다려야만 하는가? 우리가 양극의 한가운데서 평화를 지켜내고 번영을 이루기 위해서는 강력한 주권의 바탕에서 어느 한 편에 속할 것이 아니라 양쪽의 협상의 중재자로 나서야 할 것이다. 이것이 우리가 평화와 번영을 누리고 인류공영에 이바지할 수 있는 유일한 길이다. 이것은 숙명이다.

　인도의 인구는 많지만 땅은 넓고 평평하고 대체로 기름졌으며 사람들이 먹기에 충분한 소출을 낼 만했다. 이제 이별의 순간이 다가오고 있다. 그동안 정들었던 인도와 이별하고, 한 달 동안 식사와 건강을 챙겨주던 김태원 씨와 송인엽 교수와도 이별하는 순간이 왔다. 영원한 만남은 없다. 만남은 필연적으로 이별을 동반한다. 또 다른 만남을 위해서 발길을 옮겨야 한다.

튀르키예

55 이스탄불

아시아 구간의 여정을 마치고 유럽 구간의 시작점을 톱카프 궁전 앞으로 잡았다. 보스포루스 해협, 골든 혼, 마르마라 해가 만나는 전경이 한눈에 내려다보이는 환상적인 전망이 압권이다. 오스만 제국이 번영을 누리던 시절 세상의 중심이었던 곳이다.

이스탄불에 도착했다. 동서양을 함께 품은 땅, 이 땅의 주인은 수 천 년 동안 수도 없이 바뀌었다. 그러는 동안 바람도 섞이고 문화도 섞였고 사람도 섞였다. 터를 잡고 살다가 정 붙이지 못하면 다시 떠나기도 했다. 전쟁으로 폐허가 된 곳에 새 역사를 써 내려가기도 했다. 실크로드의 종착역이었던 이 곳은 평화 시기에 장사꾼들이 중국에 가서 실크를 사다가 백배나 되는 가격을 받아 팔고 흥청망청하던 곳이다. 그야말로 모든 인종과 물류가 이곳에 모였다가 각지로 흩어졌다.

터키 총영사 이우성 씨의 배려로 총영사관저에 여장을 풀었다. 총영사 부부는 가슴이 따뜻한 사람들이다. 편안하게 유럽 구간을 달릴 수 있게 물심양면의 도움을 아끼지 않았다. 지진 피해 복구 작업 때문에 바쁠 텐데도 싫은 내색이 없이 배려를 아끼지 않았다. 송 교수님하고는 우즈베키스탄에서 같이 근무했던 사이다. 텐트와 침낭 등을 장만하여야 했는데 자기가 쓰던 게 있다고 쓰라고 한다. 날씨가 쌀쌀했으므로 두꺼운 티셔츠 하나와 우비를 더 샀다. 이곳에서 이틀 있으면서 영양보충도 충분히 했다. 이제 아시아 구간의 여정을 마치고 유럽 구간의 시작점을 톱카프 궁전 앞으로 잡았다. 보스포루스 해협, 골든 혼, 마르마라해가 만나는 전경이 한눈에 내려다보이는 환상적인 전망이 압권이다. 오스만 제국이 번영을 누리던 시절 세상의 중심이었던 곳이다. 그 맞은편에는 프랑스의 베르사이유 궁전을 모방해 지은 초호화 궁전 돌마바흐체 궁전이 보인다. 성소피아 모스크와 술탄 마호메트 모스크가 바로 옆에 있다.

이곳이 매년 수백만 명씩 관광객을 끌어들이는 마법의 중심지이다. 출발에 앞서 지진 피해 희생자를 위해 잠시 모자를 벗고 묵념을 했다. 지난번 여정에서 성소피아 모스크 앞 이끼 낀 돌담 아래서 피리를 불며 동냥을 하던 시리아 난민 소년의 큰 눈망울이 자꾸 눈에 선하다. 5년 전이니 지금은 많이 컸겠지. 앞에 햄버거 가게가 있었는데 그냥 지나친 게 못내 아쉽다. 집도 잃고, 나라도 잃고 피난 나와 학교도 못 가고 남의 나라 관광지에서 동공이 풀린 눈으로 피리를 불던 소년이었다. 흑해와 지중해를 잇는 보스포루스 해협은 상선이 조심조심 왔다 갔다 하고, 갈매기들은 한가로이 하늘을 날고, 덩치 큰 개들은 길거리에서 비를 맞고 졸고 있고, 요트들이 해안가에 닻을 내리고 비를 맞으며 졸고 있다.

튀르키예의 길거리 개는 유난히 덩치가 크다. 그래서 위험하기 그지없다. 일설에 의하면 정부에서 사료에 수면제를 넣어 먹여서 개들이 다 졸고 있다고 한다. 길거리에서 졸고 있는 개와 지진 현장에서 사투를 벌이는 개가 대비된다. 우리 구조견이 네 마리 왔는데 사람이 접근하기 힘든 위험한 곳에서 임무를 수행했다고 한다.

엄마와 아기를 구하는 등 공로를 많이 세웠다고 한다, 안타깝게도 네 마리 모두 부상당하고 붕대를 감은 발로 참사 현장을 누비며 양국 국민에게 감동을 선사했다. 멕시코 구조견은 순직했다고 한다. 터키 항공에서는 임무를 마치고 귀환하는 네 발 가진 영웅들에게 화물칸 대신 일등석이나 비즈니스 석을 배려했다고 한다. 뉴스를 보면서도 훈훈하다.

막 언덕길을 내려오는데 양탄자 가게 주인이 유모차에 걸린 태극기를 보고 한국인이냐고 묻고는 들어와서 따끈한 짜이 한잔하고 가라고 한다. 나는 잠깐 들어가서 자리를 잡고 앉았다. 그는 김이 모락모락 나는 짜이를 컵에 따르면서 한국에 도대체 뭐가 있기에 우리 딸이 한국어를 배워서 한국에 간다고 그러느냐고 물어보았다. 이스탄불에는 어디에 가면 한국어를 배울 수 있느냐고 물었다.

이스탄불은 지난번 대륙횡단 때도 거친 길이다. 실크로드에서 동서양을 이어주는 유일한 길이기 때문이다. 인도가 문화적인 충격을 안겨주면서 낯설었던 곳이라면 튀르키예는 사람들 생김새는 달라도 오랜 형제를 만나는 것처럼 편하다. 하지만 두 나라 다 흥미롭고 동화적인 몽상에 빠져들게 하는 마력이 있다는 면에서 똑같다.

튀르키예가 우리의 형제국이 된 배경에는 고구려-돌궐 동맹 역사에서 유래한다는 설이 가장 유력하다. 튀르키예의 옛 국호인 터키(투르크)의 한자 표기가 우리에게 비교적 친숙한 돌궐이다. 돌궐국은 중앙아시아 초원에 세워진 유목 국가로, 인접한 고구려와 동맹을 맺어 가깝게 지냈고, 두 국가가 연합군을 만들어 당나라군과 싸우기도 했다.

촉촉이 내리는 봄비에 겨우내 움츠렸던 풀들이 고개를 내민다. 나도 향기를 잔뜩 찍어 바르고 힘찬 출발을 한다. 봄꽃보다 아름다울 수는 없지만, 봄꽃보다 진한 향기를 피울 수는 없겠지만 지구를 돌면서 묻혀온 사람들의 숨결의 향내가 날 것이다. 오늘도 그 향내를 육신과 영혼에 덧입히기 위해서 길을 나선다. 빛의 정수를 모아 신이 온기를 불어넣어 피워 낸 것이 꽃이라면, 사람들의 염원을 담아 피와

땀을 뿌려서 키워내야 할 것이 평화이다.

사람들의 가슴에 불씨를 점화시키기 위하여 반신마비의 몸을 일으켜 세워 나선 길이다. 나는 아무 것도 잘 할 수 없기에 그저 은근과 끈기만 있으면 할 수 있는 오래달리기를 선택하여 평화를 위해 헌신할 것을 서원했다. 그마저 뇌경색에 걸려 마비가 되어서 오히려 잘됐다고 하였다. 사람들 뇌리에서 점점 희미해지는 통일의 의지, 몇몇 사람들만 광장에서 외치는 울림 없는 외침을 증폭시켜서 폭풍처럼 휘몰아치려면 불쌍한 모습으로 절음거리는 걸음으로 눈물겹게 뛰는 모습을 연기라도 하고 싶었다.

나는 겁쟁이라네

통일운동은 오늘의 독립운동이라고 생각하고 나섰지
독립운동을 하던 선조들은 피 흘려 싸웠지
나는 겁쟁이라 피 흘려가며 모진 고문 받아가며
독립운동을 할 수 없어서
땀 흘려서라도 할 수 있는 것을 찾아내었어!

온 세상에 땀 뿌려
시큰둥한 사람들의 가슴에 휘발유처럼 뿌려
불붙이려 길 위에 섰어.
불씨가 되어 광인(狂人)처럼
널뛰며 날아들려고 길을 나섰다네.

56 형제의 나라 튀르키예

정신 못 차리고 달리고 있는데 이번에는 "구엘 차이!(차나 한잔하고 가시오!)" 소리
에 정신이 번쩍 들었다. 지난 튀르키예 여정에서 배운 유일한 말이다. 돌아보니 초
로의 할아버지들이 앉아있었다.

직선거리로 무려 8,000km나 떨어진 유럽의 끝자락
에 외모는 백인의 얼굴을 하였으나 우리와 같은 몽골
반점을 가진 사람들이 살고 있다. 그들은 과거 한민족
과 함께 고구려를 이루기도 했고 이웃해 살던 돌궐족의 후손이다. 연
개소문은 돌궐의 공주와 혼인을 맺을 정도로 동맹 관계가 끈끈했다.
그래서 그런지 튀르키예 사람들은 유난히 한국 사람에게 친근감을
표시하며 호감을 표한다.

아침에 길을 나선지 얼마 안 돼서 한 소녀가 "안녕하세요!" 한국말
로 인사하면서 꾸벅 머리를 숙인다. 오래간만에 날씨도 개어서 푸른
하늘과 화창한 봄 날씨에 내 마음도 화창했다. 조금 더 가다 짙은 쥐
색 차량을 운전하고 가던 붉은 립스틱을 하고 붉은 매니큐어를 한 중
년의 아름다운 여자가 나를 보더니 손 키스를 날려준다. 내 마음은
아이의 손에서 놓쳐버린 풍선 모양 푸른 하늘에 금방 떠올랐다. 내
마음은 하루 종일 하늘에 두둥실 떠다녔다. 이 나이에도 여자의 유혹
에 가슴이 뛰다니!

정신 못 차리고 달리고 있는데 이번에는 "구엘 차이!(차나 한잔하고
가시오!)" 소리에 정신이 번쩍 들었다. 지난 튀르키예 여정에서 배운
유일한 말이다. 돌아보니 초로의 할아버지들이 앉아있었다. 마음이
붕 떠서 따끈한 차 한잔하며 쉬어가야 할 때도 잊고 달려가기만 했
다. 나는 기다렸다는 듯이 그들 곁으로 가서 자리를 잡고 앉았다.

금방 김이 모락모락 나는 차이가 나왔다. 주인은 점심도 안 먹었
으면 먹고 가라고 했다. 점심은 우리의 청국장 같은 콩 스프와 동그

랑땡 같은 코프테를 잘 먹은 참이어서 사양했더니 나올 때 빵을 두 개를 싸주었다. 테섹퀼라!(감사합니다!) 조금 전 마트에서 우유 한 병을 사고 점원 소녀에게 배운 말이다.

중국 머리 위에는 몽골과 카자흐스탄, 키르기스탄, 우즈베키스탄에 이어지는 광활한 초원이 있다. 이 땅을 처음으로 통일한 나라는 기원전 2세기의 흉노이다. 이들은 초원 최초의 유목제국을 건설했다. 중원을 제패한 진시황에게도 흉노는 만만한 상대가 아니었다. 이 골칫거리를 막기 위하여 만리장성을 쌓아야만 했고 결국 무리한 공사를 하다가 국력이 쇠하여 망하게 되었다.

뒤이어 한나라를 세운 유방은 군대를 이끌고 흉노를 향해 북진하다 포위되었고 간신히 목숨만 구했다. 그 후 흉노에게 치욕적인 조공을 바쳐야 했다. 흉노는 400여 년 동안 중국과 어깨를 나란히 하는 세력이었다. 그러다 한무제의 공격과 내분으로 결국 망하게 되었다.

이후 흉노는 역사에서 완전히 사라진 듯했다. 하지만 이들은 200여 년에 걸쳐 서쪽으로 이동하며 힘을 키웠다. 그리고 4세기 갑자기 유럽에 나타났다. 강력한 힘을 가진 철기 기마민족의 동유럽 등장은 유럽에 엄청난 충격과 공포를 가져왔다. 겁에 질린 게르만의 민족 대이동이 일어났고 서로마의 멸망을 불러왔다. 헝가리는 자신들의 조상을 훈족이라고 주장한다. 헝가리에서 '가리'는 몽골어로 '나라'를 뜻한다.

6세기 흉노가 비운 대초원의 다음 주인은 돌궐이었다. 흉노의 일파인 돌궐은 여러 면에서 흉노보다 업그레이드한 유목 국가이다. 대부분의 유목 국가는 초원의 바람처럼 일어났다가 바람처럼 흔적도 없이 사라졌다. 문자가 없어서 기록이 남지 않기 때문이다. 그러나 돌궐은 곳곳에 비문을 남겼다. 돌궐은 유목민족 최초로 독자적인 문자를 만들어 오르혼 비문을 남겨놓았다. 그들의 역사는 또렷이 기록됐다.

한 돌궐 비문에는 "사방에 군대를 보내 모든 종족을 복속시키고 머리를 가진 자는 머리를 숙이게 하고 무릎을 가진 자는 무릎을 꿇게 하였다."라고 기록했다. 돌궐은 당시 파미르 고원을 넘어 카스피해에 이르는 대 유목제국을 건설하였다. 실크로드를 장악한 돌궐은 중계무역으로 부를 축척했다.

싸우는 재능은 타고났지만 유목민의 약점은 결속력이 약하다는 것이다. 당나라의 이간책으로 동서 돌궐로 분열된 돌궐은 당나라의 적수가 되지 못하고 패망한다. 패망한 돌궐은 서쪽으로 민족 대이동을 시작했다. 그러나 당시 중동에는 이슬람 왕조 아바스가 있었다. 돌궐인들은 살아남기 위해 아바스의 용병이 되어 탈라스 전투에 투입되었다. 고구려의 유민 고선지 장군이 이끌던 당시 세계 최강의 군대를 무너뜨린다.

이 전투 이후 돌궐은 이슬람을 받아들였다. 이후 쉽게 흩어지는 유목민의 습성을 버리고 종교로 일치단결할 수 있었다. 유목민의 전투력과 종교로 하나가 된 투르크인들은 마침내 11세기 초 셀주크투르크라는 대제국을 건설했다. 중동의 거의 전 지역을 차지하는 이슬람 제국을 세운 것이다. 그러나 이들은 200년도 안 돼 몽골군에게

짓밟히고 말았다. 그러나 투르크인들은 몽골이 물러나자 다시 일어나 이번에 오스만투르크 제국을 세운다.

오스만투르크는 콘스탄티노플을 함락하면서 1,000년 제국 로마를 멸망시키며 이후 600년간이나 세계 최강국으로 군림했다. 오스만투르크는 유럽, 아프리카, 서아시아 등 옛 동로마제국의 대부분의 영토를 차지하였다.

그들은 "우리의 조상은 중앙아시아 초원의 흉노다. 그리고 돌궐은 투르크의 이름으로 건설한 최초의 국가다. 우리는 1,000년 동안 8,000km를 걸어 이곳으로 왔다. 장소는 달라졌지만 이와 같은 역사로 보아 튀르키예의 건국연도는 돌궐이 나라를 세운 552년이다."라고 자신의 역사에 대해 엄청난 자부심을 가지고 민족의 근간이 되는 돌궐의 역사를 교과서에 기술하여 자손 대대로 가르치고 있다.

57 평화의 여신이여!

쉴만한 곳을 찾아도 안 보이기에 초로의 농부 부부가 집 앞마당
에서 일하는 모습을 보고는 한참 쭈뼛쭈뼛거리다가 "짜이 한 잔
만 주세요!"했더니, 잠깐 앉아서 기다리라고 하더니 안에 들어가
차와 함께 빵과 치즈에 버터까지 한 접시 들고 나왔다.

마르마라 해를 넘어온 햇살은 너무나 눈부시지만 나는 무언가 알 수 없는 그리움으로 가슴이 메인다. 하늘은 명징하고 눈이 시리게 푸르다. 마르마라해는 북동쪽에 있는 보스포루스 해협을 통해 흑해와 남서쪽에 있는 다르다넬스 해협을 통해 에게해와 연결된다.

마르마라 해의 물길은 다르다넬스 해협을 통해 에게해로 나가지만 내 발길은 유럽의 끝자락 땅의 구릉지대를 통해 에게해 방향으로 가느라 오르락내리락 쌀쌀한 날씨에도 구슬땀을 쏟아낸다. 내 유모차는 내 몸이 건강할 때는 한혈마이더니 몸이 망가지니 돈키호테의 로시난테보다도 못한 한낮 시지프스의 돌바위 같다.

어제는 하늘이 파랗고 날씨도 훈훈하더니 오늘은 다시 비바람이 몰아치고 춥다. 힘들게 손수레를 밀며 몇 번째 고개인지도 모를 고개를 넘어 쉴만한 곳을 찾아도 안 보이기에 초로의 농부 부부가 집 앞 마당에서 일하는 모습을 보고는 한참 쭈뼛쭈뼛거리다가 "짜이 한 잔만 주세요!"했더니 잠깐 앉아서 기다리라고 하더니 안에 들어가 차와 함께 빵과 치즈에 버터까지 한 접시 들고 나왔다.

튀르키예 국토의 97%는 아시아의 아나톨리아 반도에 있고 3%가 유럽에 있다. 유럽 쪽 땅을 트라키아라 부르고 아시아 쪽 땅을 아나톨리아로 부른다. 이제 마리차강만 건너면 그리스로 넘어간다.

어느 날 한 청년이 친구와 같이 다르다넬스 해협의 세스토스에서 반대편의 아비도스까지 헤엄쳐서 건넜다. 그리스-로마 신화에 의하면 헤로와 레안드로스의 애처로운 사랑이야기가 이 바다에 전해져오기 때문이다. 헤로는 미의 여신 아프로디테를 모시는 아름다운 여사제였다. 잘생긴 젊은 레안드로스는 그녀를 보는 순간 사랑에 빠져 사랑을 주저하는 헤로를 부드럽고 따뜻한 목소리로 유혹하였다.

둘 사이에는 헬레스폰스(다르다넬스) 해협이 가로막고 있었다. 마침내 사랑을 얻어낸 레안드로스는 매일 밤 헤엄쳐 헤로에게 가서 사랑을 나누다가 새벽이면 다시 건너왔다. 그러다 어느 폭풍이 부는 겨울밤 파도에 휩쓸려 죽고 말았다. 다음날 아침 해변에 떠밀려온 연인의 주검을 발견한 헤로는 절망에 빠져 탑 위에서 몸을 던져 연인의 뒤를 따랐다.

레안드로스가 헤엄쳐 건넜다는 해협은 그저 신화이기 때문에 가능한 일이라 여겼지만 한 청년은 모험심이 발동했다. 청년은 해협을 헤엄쳐서 횡단하는 데 성공한 후 '세스투스에서 아비도스까지 헤엄친 후'라는 시를 쓰고 시집을 발표했다. 이 시집은 즉시 영국을 비롯한 전 유럽에서 선풍적인 인기를 얻었다. 그 청년은 낭만파 시인 바이런이다. 그는 "어느 날 아침에 일어나보니 유명해졌다"는 유명한 말을 남겼다.

어느 날 한 초로의 노인이 지구 끝까지 달려서 갔다. 신화에 의하면 지구 끝까지 달려가면 '평화의 여신'을 만날 수 있다는 이야기가 전해져 온다. 평화의 여신은 한 번도 사랑에 빠져보지 않았다. 일설에 의하면 여신은 이제껏 평화를 꼭 움켜쥐고 다락방 깊은 곳에 숨겨두고 아무에게도 보여주지 않았다. 여신이 사랑에 빠지는 날 그것을 봄날 꽃비를 뿌리듯이 평화를 온 세상 가득히 흩뿌릴 것이라고 한다.

그 사내는 5년 전에 서쪽에서 동쪽으로 지구 끝까지 달려서 갔다. 그는 '평화의 여신'을 유혹하려 지구라는 세상에서 제일 큰 무대에서 마라톤이라는 행위예술을 펼쳐보였다. 때론 사람들과 부딪치면서 불꽃같이 피어나는 이야기를 담아내기도 했고, 두 다리를 붓 삼아 땀을 먹물 삼아 지구를 화선지 삼아 그림을 그리기도 하고, 달리는 행위 자체를 춤사위 삼아 어화둥둥 춤도 추었다. 그러나 애석하게도 '평화의 여신'은 커녕 여신의 치맛자락 끝도 보지 못 했다. 한 번도 사랑을 해보지 못한 평화의 여신은 부끄러워 모습을 감추었다.

그러는 동안 그 초로의 노인은 몹쓸 병을 얻었다. 뇌경색으로 반신마비가 되어 이젠 그 사내가 남들 앞에 나서기도 부끄러운 모습이 되었다. 그는 좌절하여 실의에 빠졌고 아무것도 할 수 없는 자신이 원망스러웠다. 그러는 동안 지구촌 곳곳에서 전쟁이 일어났고 사람이 죽고 수많은 난민이 발생하였다. 남북은 그야말로 충돌 직전의 마주 달리는 열차 같았다. 그는 맥 놓고 누워만 있을 수 없었다. 가만히 생각해보니 그는 몸이 불편하고 남들이 보기에 불안해 보일 뿐 불구는 아니었다.

벌떡 일어났다. 일어나 여장을 꾸렸다. 절룩절룩 이번에 동에서 서로 '평화의 여신'을 만나러 길을 나섰다. 늙고 병든 모습에 유혹당할 리는 없겠지만 지성이면 감천이라고 감동을 선사하여 마음을 움직일 수는 있을 것 같아 위험한 바다 한가운데로 뛰어들었다. 폭풍우에 휩쓸린다 해도 나의 평화를 갈구하는 마음은 두둥실 떠서 그녀가 사는 곳에 닿을 것이다.

나와 바이런의 공통점은 다리가 절름발이라는 것뿐이다.

평화의 여신이여!

움켜쥔 손을 활짝 펴서 평화

입 바람으로 불어 날려 보내 다오.

훈훈한 에게해의 해풍을 타고 흩날리게

나의 영혼이여.

내 그대를 찾아 헤매다 쓰러질 것이다.

봄 햇살을 맞아 나무에

새싹이 트고 꽃망울이 트네.

봄바람을 맞아 내 얼굴도 트고 입술도 튼다.

내 마음속 소망은

어느 하늘 아래 어느 햇살 어느 바람에

새싹이 트고 꽃망울이 틀까나?

평화의 여신이여!

그리스

58 에게해의 석양

에게해의 석양이 지자 빨간 지붕의 기와가 저녁 붉은빛을 끌어들여 물고기 비늘처럼 반짝였다. 이 봄 에게해의 지는 해는 막 피어나는 장미처럼 검붉은 빨강으로 물들어가고 있었다.

밤새 비바람이 세차게 몰아치더니 아침이 되어도 비는 계속 추적추적 내린다. 나는 운동화 끈을 조여 매고 짐을 싸서 유모차에 실으며 속으로 읊조렸다. 이건 말이지 순례야, 그것도 평화의 순례. 평화의 순례라고 나선 사람들도 많지만 자신의 모든 걸 걸고 나선 길, 마라톤 평원의 승전보를 기필코 알리고 쓰러진 그리스의 병사처럼 평화의 승전보를 알리고 쓰러질 것이라 나선 길이야. 길 위에서 깨달음을 얻고, 길 위에서 전법을 했던 석가모니 부처님의 행위도 크게 보면 순례지!

고속도로를 달리는 차들이 빗물을 튕겨주고 가도 그래 이건 순례야! 손이 시리고 코가 얼얼해야 제대로 순례인 거지! 단지 아름다운 풍광이나 구경하며 감동을 먹으려고 있는 가슴이 아니야. 화려하고 고색창연한 궁전이나 사원에 하나씩 늘어나는 주름진 얼굴 들이밀고 사진이나 남기려고 나선 길이 아니라고. 인류가 다 같이 살아갈 아름다운 궁전, 한마음을 모을 사원을 찾아가는 순례길이지!

그리스로 넘어가는 출국사무실의 출국 도장도 받고 세관도 순조롭게 통과하고 실비 바르탕의 강 마리차강만 건너면 되었다. 비바람 속에도 휘파람이 절로 나왔다. 지난 3년 반신마비가 되면서 혀도 마비가 되어 휘파람 소리도 잃어버리고 살았는데 들판으로 나온 지 6개월 만에 완벽하진 않지만 휘파람 소리를 다시 찾았다. 그런데 강 입구 초소에서 군인 둘이 나오더니 제지를 한다. 차들은 지나다니는데 사람은 지나가지 말라는 게 이해가 안 갔으나 명령만을 따르는 군인들한테 항의해 보았자 소용없는 일인 걸 잘 알고 있었다.

다시 세관으로 나왔다. 세관 직원이 픽업트럭이 지나가면 잡아줄 테니 기다리라고 하여 비바람 부는 벌판에서 기다리기 시작했는데 그것이 7시간을 기다리게 될 줄은 몰랐다. 춥고 배고프고 떨리는 7시간이었다. 중간에 픽업트럭이 한 대 지나갔지만, 세관 직원의 부탁에도 막무가내로 안 된다며 지나갔다. 7시간 만에 버스가 지나가는 걸 세관 직원이 이 사람 좀 태우고 국경 너머에 내려주라고 하니 자리가 없다고 안 된다고 한다. 세관 직원이 올라가서 자리가 이렇게 많은데 태우고 가라고 하니 그제야 마지못해 나를 태웠다.

국경을 넘으면 보통 국경 마을이 있고 호텔이 있는데 여기는 마을도 없고 음식점만 하나 있었다. 전화기 심카드도 바꿔 끼워야 하고 날은 어둑어둑해져 가는데 몸은 추위에 떨어서 피곤했다. 일단 간이음식점에 들러 샌드위치로 우선 히기를 달랬다. 내가 달리고 있는지 흘러가는지 이미 의식은 희미하고 다리는 기계적으로 움직이고 있었다.

밤공기는 차고 축축했다. 달이 뜨고 멀리 바다의 일렁거리는 소리가 환청으로 들리는 것 같았다. 달리면서 졸고, 졸면서 꿈을 꾸었다. 언제쯤 마을이 나올지 모른 채 한참을 몽롱하게 달렸다. 희미한 불빛들이 보이기 시작했다. 작은 도시였다. 숙소들은 문이 잠겨 있거나 문을 두드려도 사람이 나오지 않았다. 결국 밤 8시 30분이 되어서 숙소를 잡고 주위에 식당이 보여서 다시 모자란 식사를 했다. 여독이 좋은 수면제가 되어 달콤한 잠을 잘 수 있었다.

그리스는 서쪽으로 이오니아해와 남쪽으로 지중해를 동쪽으로 에게해를 면하고 있다. 서구 문명의 요람으로 바다를 통해 선진 문명을 수입해 다시 문명의 꽃을 피웠다. 고대 그리스인들은 히타이트인들에게는 철기 문명을, 페니키아인들에게는 문자를, 이집트인들에게는 건축과 예술을 받아들였다. 여기서 민주적인 정치가 시작되었고, 인간 중심의 이성적 사고를 하였다.

오늘 아침 햇살 속에 눈을 뜨니 두 다리에 새로운 기운이 퍼졌다. 구름 한 점 없이 푸른 하늘에 눈이 시리다. 태양은 강렬했지만 바람이 강해 쌀쌀했다. 언덕을 넘자 바다 비린내가 나더니 푸른 에게해가 보인다. 내 귀는 소라 껍질! 파도 소리를 그리워해서였을까 가슴에 뱃고동소리가 울린다. 지나는 사람들의 눈이 바다를 담았는지 에메랄드빛이다.

멀지 않은 바다 한가운데 설산 사모트라키섬이 보인다. 조금 더 달리다 보니 빨강 기와지붕의 아름다운 해변 도시가 보인다. 알렉산드로폴리스이다. 부왕이 멀리 원정을 떠나면서 16세의 알렉산드로스에게 섭정을 맡겼다. 그는 이때 북방에서 쳐들어오는 적을 물리치고 그 도시를 알렉산드로폴리스라고 명명했다.

오늘은 이번 여정 중 가장 추운 날씨다. 동남아시아와 인도는 남쪽 나라라 덥거나 쌀쌀한 정도였고 튀르키예와 그리스 등 나머지 나라는 지중해성 기후로 포근할 것을 예상했다. 예상치 못하게 3월 말의 온도가 0도까지 기온이 떨어진다. 은근한 한기가 뼛속을 찌른다. 이제는 한겨울의 눈보라를 들이마시고도 더운 콧김을 뿜어내던 젊음은 다 지나간 게다. 그러나 아직 내겐 젊은이들도 감히 흉내도 못 낼 용기가 있잖아!

11시가 되자 기온이 다소 올라가서 햇빛 좋은 야외 카페에 사람들이 삼삼오오 모여서 김이 모락모락 나는 차를 마시며 담소하기 시작했다. 사람들의 콧김과 모락모락 차에서 피어나는 김과 지중해의 화사한 햇빛이 만나 무지갯빛으로 피어오른다. 어느 카페에선가 폴모리아 악단의 '에게해의 진주'가 흘러나온다.

고대 그리스는 산이 많아 이동에 어려움이 많아서 영토국가로 발전할 수 없었다. 그래서 큰 산 아래 중심을 잡고 도시별로 성벽을 세우고 도시국가로 발전했다. 아테네와 스파르타가 그 대표적인 예이다. 알렉산드로스는 그리스를 하나로 묶는데 성공했다. 그는 이에 만족하지 않고 세상 끝까지 가보자고 페르시아, 인도까지 원정을 떠나 도시국가를 제국으로 팽창시키며 헬레니즘 문명을 탄생시켰다.

부왕 필리포스 2세는 어느 날 '부게팔로스'라는 명마를 데려다 훈련시키라고 했는데 마케도니아의 내로라는 마부들도 길들이는데 실패하자 어린 알렉산드로스가 이 말을 길들였다. 그 모습을 보고 감동한 아버지는 '아들아 너한테 맞는 왕국을 찾아라. 마케도니아는 너에게 너무 좁구나!'라고 하였다. 그리고는 아들의 스승으로 아리스토텔레스를 모셔왔다.

아리스토텔레스는 알렉산드로스를 13세 때부터 3년간 각종 학문을 가르쳤다. 알렉산드로는 스승을 존경했고 "아버지는 나에게 생명을 주었으나 아리스토텔레스는 훌륭하게 사는 법을 가르쳐 주었다."고 말했다. 아리스토텔레스는 최고의 정부는 통치자들이 국민들의 최선의 이익을 위해 행동하는 정부라고 믿었다.

에게해의 석양이 지자 빨간 지붕의 기와가 저녁 붉은빛을 끌어들여 물고기 비늘처럼 반짝였다. 이 봄 에게해의 지는 해는 막 피어나는 장미처럼 검붉은 빨강으로 물들어가고 있었다.

이렇게 민주주의의 씨앗은 오래 전에 뿌려져서 피로 적시며 키워 왔는데 지금은 민주주의라는 간판을 내건 일부 엘리트 계층과 자본이 세상을 지배하고 있다. 민주주의는 국민이 권력을 가진 정치체제를 말한다. 이건 비단 우리나라만의 문제가 아니라 워싱턴을 비롯한 글로벌 이슈이다. 그동안 민주주의의 이름으로 수많은 전쟁 범죄와 인권유린을 저질러 왔다.

글로벌 노스(Global North)는 대량 생산, 대량 소비 사회를 가리키는 것이다. 제국적 생활양식은 비교적 선진국에서 살아가는 우리에게 풍요로운 생활을 선사해주었기 때문에 우리는 바람직하고 매력적인 것으로 생각한다. 하지만 그 이면에는 글로벌 사우스의 사회집단과 지역에서 자행되는 수탈이 있다.

그동안 미국은 임의적으로 규칙을 만들어 이를 따르도록 하였고 이에 불복하는 나라는 악의 축이라고 비난하고 제재를 가하거나 응징했다. 우리는 지금 제국의 몰락을 목도하고 있다. 그것은 마치 지는 석양처럼 애처롭다. 우크라이나전을 통해서이다. 미국은 이미 오래 전부터 이 전쟁을 준비해왔다. 우크라이나가 러시아를 이길 것이라는 계산에서 시작한 전쟁이 아니다.

전가의 보도처럼 써먹던 경제제재를 통해서 러시아를 반신불수로 만들어 버릴 셈이었다. 그러나 너무 많이 사용해서 칼날은 무디어져 있었다. 경제제재를 받는 나라끼리 똘똘 뭉쳤다. 중국과 러시아, 이란이 손을 잡고, 미국에 감정이 안 좋은 브라질, 인도가 가세하고 사우디아라비아가 슬며시 여기에 가세하는 형국이다. 그리고 전 세계 인구의 75%를 차지하는 글로벌 사우스가 은근히 참여하는 형국이다. 미국의 허약한 하체가 만천하에 들어났다.

이란과 사우디아라비아의 화해는 미국에게 치명적이다. 시리아 내전과 예멘 내전이 끝날 조짐을 보이고 있다. 마지막 석양빛을 돛에 가득 품고 미끄러져 들어오는 요트는 환상적이며 황홀하기까지 하지만, 제국의 지는 석양빛을 안고 한반도 근처에서 군사연습을 하며 안간힘을 쓰는 항공모함은 처량하기만 하다.

59 그리스인 조르바를 만나다

월계관은 올리브나무의 잎과 가지로 만들며, 평화를 상징한다. 홍수로 세상이 물에 잠기자 노아는 방주를 띄우고 피난처를 찾기 위하여 비둘기를 날려 보냈다. 다시 돌아온 비둘기의 입에는 올리브 나뭇잎이 물려있었다. 그래서 올리브 나무는 희망 이자 평화이다.

에게해를 왼편에 두고 고개를 넘는다. 고개 위에 오르자 한편엔 넓게 펼쳐진 바다가 보이고 한편엔 넓게 펼쳐진 들판이 보였다. 아직 내가 보고픈 그곳은 보이질 않았다. 젊어서는 삶이 안개처럼 모호하고 유치한 욕망들로 가득 차서 소극적으로 꿈꾸던 이상이었다. 나이가 들어 텅 비우고 나니 삶이 오히려 생동감이 넘쳐 온몸을 던져 바다와 같이 큰 이상을 실현하려 길 위에 나섰다. 그것은 마치 척박한 땅 위에서도 잘 자라는 올리브나무 가지 사이로 들리는 빛의 교향곡 같았다.

오후의 햇살 아래 강아지가 길 위에서 낮잠을 즐기고 있다. 바닷가 마을 비탈진 언덕에는 제주도의 감귤나무처럼 올리브나무 농장이 빽빽했다. 이 마을은 어디에 시선을 고정시켜도 세잔느가 그려놓은 정물화처럼 평화롭고 조용하다. 척박한 땅에서도 잘 자라는 올리브나무는 아름다우나 우리나라와 같이 산이 많고 돌이 많아 척박하지만, 일조량이 많은 그리스인에게는 신이 준 최고의 선물이다.

산이 많고 바다를 연한 그리스의 시골 마을은 거실에 걸린 정물화처럼 움직임이 거의 없었다. 급한 것은 산세일 뿐, 계절의 변화일 뿐 사람들의 표정이나 초원에서 풀을 뜯는 가축들의 움직임은 한가했다. 이곳의 시간은 서울의 시간과 달라도 한참 달랐다.

월계관은 올리브나무의 잎과 가지로 만들며, 평화를 상징한다. 홍수로 세상이 물에 잠기자 노아는 방주를 띄우고 피난처를 찾기 위하여 비둘기를 날려 보냈다. 다시 돌아온 비둘기의 입에는 올리브 나뭇잎이 물려있었다. 그래서 올리브 나무는 희망이자 평화이다.

에게해의 잔물결에 부딪쳐 튀어 오르는 햇살은 사방으로 흩어지며 사파이어처럼 눈이 부셨다. 사람의 성격과 모양이 다양하듯 각자의 삶의 모습도 다양할 수밖에 없다. 내 삶은 기존에 삶의 방식을 좇느라 생기를 잃고 허약해졌지만, 들판에 나와 바람과 햇빛을 맞으며 더 윤택해졌다. 에게해의 물비늘은 햇빛에 은빛으로 더욱 반짝였고, 에게해의 비린내를 잔뜩 묻힌 내 생각이 파닥파닥 뛰었다. 그러다 바다 위로 날아오르는 날치처럼 '그리스인 조르바'가 생각 위에 솟아오른다.

고속도로의 고개를 한참 넘던 나는 배도 고프고 다리고 아파서 쉴 곳을 찾다가 졸음 쉼터를 발견하고 잠시 쉬면서 삶은 계란과 빵으로 허기를 달래고 있었다. 고속도로 안전요원이 나타나더니 고속도로는 사람이 보행할 수 없으니 잠시 기다리면 경찰이 당신을 태우고 안전한 곳으로 가게 할 것이라고 하였다. 다시 어디론가 통화를 하더니 우리가 당신을 안전한 곳까지 이동할 때까지 뒤에서 에스코트해줄 것이라고 하였다. 국도로 나오니 처음 예상했던 거리보다 많이 길어졌다.

그래도 사페스까지 가는 데는 문제가 없었다. 코모티니까지 한 번에 가기에는 무리여서 한 8km 더 가더라도 나누어 가려했다. 그런데 사피에에 단 하나밖에 없는 호텔이 빈 방이 없다고 한다. 이미 시간은 4시가 넘었다. 코모티니까지 가는 것은 무리였고 조금 더 가다 식당을 찾아서 저녁이나 먹고 텐트를 적당한 곳에 치려했다. 그러나 지도에 표시된 식당은 문이 닫혔고 다음 식당은 10km 더 가야 했다. 일단 저녁은 먹어야 하겠기에 지친 발을 끌고 거기까지 갔다.

배를 채우고 나니 이제 코모티니까지 13km가 더 남았다. 나는 쌀쌀한 날씨에 야영을 하느니 늦더라도 호텔까지 가기로 했다. 하늘이 더없이 맑고 깨끗했으며 석양이 지평선 넘어가더니 별들이 팝콘처럼 터져 나왔다. 그리고는 이내 별빛이 비처럼 주룩주룩 내렸다. 금방 별빛에 마음이 젖어 오랜만에 밤하늘과 질펀하게 사랑을 나눈다. 태초의 신비스러운 근원으로 돌아가 사랑하려고 벌거벗었을 때 비로소 자신의 참모습을 본다.

길가 옛집에서 개 짖는 소리에 마음의 고요가 깨졌다가 다시 개 짖는 소리가 멈추자 별무리 사잇길로 생각의 발걸음을 옮긴다. 나는 '그리스인 조르바'를 닮은 사람인가? 조르바는 많은 것을 직접 보고 행하고 겪으면서 정신이 열리고, 마음이 넓어졌지 않은가? 알렉산드로스 대왕이 고르디아스 매듭을 지르듯이 모든 복잡다단한 문제를 고민도 없이 단칼에 풀어버리는 사람. 놀라울 정도로 현실에 충실한 사람. 걱정이 있거나 가난이 자신을 조여 올 때면 산투리를 연주하며 기운을 얻는 남자이다.

나도 길 위에 나서서 많은 사람의 삶과 역사와 문화를 보고 겪으면서 정신이 열리고 마음이 넓어지지 않았는가. 애초 이 일정을 사전 답사하고 이리저리 재보았으면 이 여정 길에 나설 엄두가 나질 않았을 것이다. 지금도 나는 내일 일정만 미리 점검한다. 모레, 혹은 일주일, 한 달 후의 일정을 염두에 두면 두려움으로 몸서리가 쳐진다.

현실에 충실하다는 점에서 나는 조르바와 같지만 나는 조르바가 가지지 못한 꿈을 가졌다. 평화로운 세상을 후손들에게 물려주겠다는 꿈, 그들이 통일 된 조국에서 자유롭게 꿈을 펼칠 수 있게 하고픈 꿈. 걱정이 있을 때 산투리를 연주하는 대신 나는 잡념이 생기지 않게 글을 쓴다. 글을 쓰면서 마음의 평화를 이루고, 춤을 추는 대신 춤추듯 달린다.

"아프리카의 원시 부족들은 뱀을 숭배한다. 왜냐하면 뱀은 온몸을 땅에 붙이고 기어 다니기에 대지의 비밀을 다 알고 있다고 믿기 때문이다. 뱀은 배로, 꼬리로, 남근으로, 머리로 그 비밀을 캐낸다. 조르바도 그렇다. 우리 지식인들은 공중에 떠 있는 바보 같은 새들일 뿐이다."

나는 뱀처럼 온몸을 땅에 붙이고 기어 다니지는 않지만, 발바닥으로 대지를 두드리며 대지의 비밀을 알고 대지와 친숙해지며 새들의 노랫소리에 귀를 기울인다. 조르바처럼 춤으로 마음을 표현하는 대신 고통스러운 달리기를 통해서 '평화'의 소중함을 표현하고 육체와 정신이 하나 되는 경험도 겪게 된다. 피부의 모공이 열리면서 느껴지는 자기실존의 축복을 만끽하게 되었다.

조르바는 어쩌면 사회 부적응자일지도 모르겠다. 조르바는 학교 문 앞에도 가보지 못했고 그 머리는 지식의 세례를 받은 일이 없다. 하지만 매사에 당당하고 모든 일에 거침이 없고 즉흥적이며 본능에 충실하다. 온몸의 체중을 실어 두 발로 대지를 밟고 있는 이 조르바의 겨냥이 빗나갈 리 없다. 보통의 우리와는 달리 원초적이면서도 진리에 가까운 사람, 왜 사람들은 제멋대로이고 막무가내 인간 조르바에게 매력을 느끼며 열광하는가?

나는 오늘 또 하나의 '그리스인 조르바'를 만났다. 그는 분명 자신의 점심으로 샀을 샌드위치와 음료수를 차를 타고 지나가다 나를 보더니 즉흥적으로 차를 세우고 나에게 건네주며 "Good Luck!"이라고 엄지척을 해주었다. 자기의 허기짐은 생각하지 않고, 당장 눈앞에 보이는 자기보다 더 허기질 거라고 생각된 나에게 건네준 것이다. 그렇다고 그가 제멋대로이고 막무가내의 사람이라고 말하는 건 아니다. 하여튼 "Thank You!"

60 비너스와 김건희

숙박업소가 있어 들어가 얼마냐고 했더니 35유로라고 했다. 적당한 가격이었지만 예산이 빡빡한 나는 한 번쯤은 깎아달라고 부탁을 한다. 30유로 해준다고 하더니 안에 들어갔다 딸들과 같이 나오더니 25유로로 해주겠다고 한다. 딸들이 한국을 좋아해서 사진을 같이 찍자고 하면서.

그리스 북부 비스토니다 호수는 강릉 경포호와 같이 바다와 맞물린 담수호이다. 요즘 그리스의 날씨는 며칠 화창하고 며칠 비 오고를 반복하는데 이 날은 화창한 봄 일요일이어서 사람들이 많이 야외에 나왔다. 바다와 호수가 서로 입술을 마주 대고 찰랑거리며 희롱하는 모습이 정겹고도 애처롭다. 굽이치는 파도는 호수와 맞닿은 지점에 와서는 신비하게도 온순하게 살랑거린다. 호숫가에는 갈대밭이 무성하고 여러 종류의 새들이 서로 희롱하며 하늘을 치솟기도 하며 하강하기도 한다.

백조들의 사랑은 우아하기도 하려니와 평화롭기도 하다. 호수 위에는 양털 구름도 희롱하듯이 오가는 것이 넉넉한 풍경이었다. 호수 주변의 나무들도 꽃을 피워 서로를 희롱한다. 올리브나무는 아직 꽃을 피우지 못해 초라하다. 아직은 올리브 꽃을 피워 내기에는 일조량이 부족한 것이다. 나는 과연 이번 여정 끝에 노아가 날려 보낸 비둘기처럼 올리브 가지를 꺾어 물고 판문점에 짜짠하고 나타날 수가 있을까?

저편에 세워진 허름한 빨간 버스에서 경적 소리가 나더니 창문으로 나를 향해 흔드는 손이 보였다. 다가가니 당신을 튀르키예에서 봤는데 다시 보게 되어 반갑다고 악수를 청했다. 안에 부인과 딸도 미소를 지으며 반겼다. 버스를 캠핑카로 개조해 가족이 여행을 다닌다고 한다. 허름한 버스에 풍족한 행복이 가득 실린 것 같아 보기 좋았다.

조금 더 가다 조그만 펜션 같은 숙박업소가 있어 들어가 얼마냐고 했더니 35유로라고 했다. 적당한 가격이었지만 예산이 빡빡한 나는 한 번쯤은 깎아달라고 부탁을 한다. 30유로 해준다고 하더니 안에 들어갔다가 딸들과 같이 나오더니 25유로로 해주겠다고 한다. 딸들이 한국을 좋아해서 사진을 같이 찍자고 하면서. 결국 BTS 덕을 또 본 셈이다.

굽이치는 파도에서 태어난 비너스는 물보라처럼 온몸이 새하얗게 빛났다. 비너스는 영어식이고 아프로디테는 그리스어 발음이다. 사랑과 미(美)의 신이다. 바다와 하늘이 서로 희롱하는 곳에서 태어난 비너스의 눈부신 미모에 모든 신들은 앞 다투어 그녀에게 사랑을 고백했다. 아름다운 그녀와 눈길을 마주치는 것만으로 욕망에 몸이 훌끈 달아올랐고, 상사병을 앓곤 했다.

우리가 알고 있는 가장 아름다운 '밀로의 비너스'는 그리스 조각가 프라시텔레스가 미의 여신인 크니도스의 아프로디테 여신상을 제작할 때 프리네라는 당시 1%의 헤타이라를 모델로 하여 조각하였다. 동서고금을 막론하고 매춘부 등급은 미모 순으로 정해지지만, 미모 하나만으로 '상위 1%'에 들기는 어렵다. 프리네는 직업적으로 남자를 상대하는 헤타이라 신분이지만 당시 남성들만의 특권인 정치, 사회, 문화 등의 토론과 철학적 논의에 참여했다.

이오니아 지방 출신인 그녀는 미모가 출중하고 입담이 출중하고 수사학의 대가로 알려졌으니 페리클레스의 연설문을 작성할 정도였다. 프리네(Phryne)는 아마도 인류역사상 전 시대를 통틀어 가장 아름다웠던 여인이었을 것이다. 뛰어난 미색으로 그리스 남자들을 사로잡은 그녀를 아무나 가질 수는 없었다.

그녀는 품위를 철저히 유지했으며, 아무리 부유하고 권력을 가진 사람이라도 그녀의 마음에 들지 않으면 절대 상대해주지 않았다. 그녀는 선택받는 것이 아니라 선택하는 위치에 있었다. 프리네의 주변은 늘 그리스 최고의 엘리트들인 정치가, 철학자, 예술인들이 몰려들었고, 그들의 애간장을 타게 했다.

고대 그리스의 가장 성대한 종교행사로 바다의 신 포세이돈 축제에서 프리네가 발가벗은 몸으로 머리를 늘어트린 채 비너스를 모방하여 바다 속으로 걸어 들어가는 퍼포먼스를 했다. 이것을 자신의 청혼을 거절한데 앙심을 품은 권력자가 신성 모독죄로 고발했다. 당시의 신성모독은 그리스 최고의 범죄이며 그것은 곧 사형을 의미했다.

하지만 미인이 어려움에 처하면 백마 탄 왕자가 나타난다. 그녀의 애인 중의 한 사람인 철학자 히페레이데스가 변론을 자처하고 모든 논리력을 총동원했지만 역부족이었다.

여기에 그림 한 점이 있다. 프랑스 화가 장 레옹 제롬이 그린 '배심원 앞에선 프리네' 라는 그림이다. 그림을 보면 실오라기 하나 걸치지 않은 백옥 같은 피부의 아름다운 여인이 무슨 이유인지 수많은 남성들 앞에서 가운이 벗겨진 채 부끄러운 듯 얼굴을 가리고 서 있다. 이것은 배심원들이 바라보는 앞에서 마치 신상 제막식 같은 연출이었다.

가운이 벗겨지고 실오라기 하나 걸치지 않은 그녀의 육감적인 알몸이 재판정에 드러나자 재판정은 순식간에 얼음 조각이 되었다. 그녀는 슬쩍 당황하는 척하며 두 팔로 눈을 가린 그녀의 몸짓은 배심원들에게 그녀의 몸을 마음껏 훔쳐볼 수 있게 만들었다. 여인은 본능적으로 '콘트라포스토' 자세를 취하고 있다. 모델이 가장 우아해 보이는 포즈로 체중을 한 쪽 다리에 실어 몸의 실루엣을 한층 돋보이게 만들어준다. 소크라테스도 살려내지 못 한 법 앞에서 여인의 아름다움은 그녀를 살려냈다. 그녀의 알몸을 본 배심원들은 경탄을 금치 못하며 정신 나간 소릴 했다.

그리스인들은 '아름다운 것에 선함이 깃든다.'라고 믿었다. 배심원들은 "저토록 눈부신 아름다움은 신의 의지를 담지 않고서는 도저히 탄생할 수 없는 것이다. 저 여인의 아름다움 앞에서 한낱 인간이 만들어 낸 법이 무슨 효력이 있겠는가? 그러므로 아름다움은 선하고 무죄다."

'아름다움은 무소불위의 권력'이라고 했던가. 여자나 남자나 아름다운 사람은 상대방 이성의 이유 없는 미소를 즐기는 행복한 시간이 많다고 한다. 심리학에서는 아름다운 이성을 지나치게 배려하고, 바보처럼 헌신하고, 아주 유치하게 행동한다고 한다. 권력은 한번 잡으면 결코 내려놓을 수 없는 속성을 가졌다.

아름다워지기 위해서 얼굴을 성형하는 것을 트집 잡을 생각은 없다. 논문을 '성형'하고 경력을 '성형'하여 무속과 결합하여 어렵게 이룩한 민주화와 천신만고 끝에 만들어 가던 모든 남북 간의 평화적 진척의 시계를 되돌려 놨으니 그것을 한탄한다.

61 세계 시민

앞바다에는 그림 같은 흰 배들이 있고, 뒷산은 고급스러운 우윳빛 하얀 대리석의
암(岩)산이다. 비췻빛 하늘과 비췻빛 바다 사이에는 하얀 갈매기들이 수많은 W자를
그린다.

알렉산드로스의 명마 부케팔로스의 말발굽처럼 만을 형성한 바다는 멀지 않은 곳에 섬들에 둘러싸여서 호수처럼 고요했다. 앞바다에는 그림 같은 흰 배들이 있고, 뒷산은 고급스러운 우윳빛 하얀 대리석의 암(岩)산이다. 비췻빛 하늘과 비췻빛 바다 사이에는 하얀 갈매기들이 수많은 W자를 그린다. 비가 오락가락하는 날씨에 무지개가 순식간에 떠서 세상은 화려하게 채색되었다. 멀리 산언덕에 아크로폴리스(높은 곳에 있는 도시)가 보인다.

'카발라'는 '말에서 내리다'는 뜻이라고 한다. 네아폴리스는 '새로운 도시'라는 뜻이다. 현재 지명은 카발라이다. 사도 바오로는 제2차 전도 여행 때 튀르키예 서해안에 있는 알렉산드리아 트로아스 항구에서 전도에 진척이 없어 낙담하고 있을 때 그리스 북부 지방 마케도니아 사람 하나가 꿈에 나타나서는 "마케도니아로 건너와서 저희를 도와주십시오." 하는 말을 들었다. 그는 배를 타고 에게해를 건너 그리스 네아폴리스 항구에 닿았다.

그는 마케도니아 사람들에게 복음을 전하도록 하느님께서 우리를 부르신 것이라고 확신하였다. 바오로는 여기서부터 북쪽으로 가면서 그리스 북부 지방에 필리피(빌립보), 테살로니카, 베레아 교회를 세웠다. 카발라(네아폴리스) 항은 유럽대륙에 복음을 전하기 위해 바오로가 첫발을 디딘 항구이다. 카발라는 기독교 역사에 중요한 도시이다.

이곳이 아시아에서 태동한 기독교가 서양의 종교가 시작된 곳이다. 종교의 전래란 단순한 교리의 전래가 아니다. 문명과 문화의 전래를 의미한다. 사람들은 교리를 받아들이기 이전에 문명과 문화의 우수성에 먼저 감응한다.

피곤한 다리를 쉬어갈 겸 배도 고파, 바오로가 들어왔다는 항구가 잘 내려다보이는 카페에 들어갔다. 앉아서 빵을 먹고 있자니 한 아시아 여인이 들어오면서 목례를 한다. 나는 한국 사람인지 알고 반가운 마음에 "안녕하세요!"하고 인사를 건넸더니 필리핀 사람이란다. 이곳에 사느냐고 물었더니 이곳에 산다고 한다. 이 근처에는 문화유산도 많고 경치도 아름다워서 자기는 근처를 늘 다니다가 카페에서 커피 한잔하고 집에 들어가는데 당신도 며칠 이곳 구경을 하고 가지 않겠냐고 묻는다. 나는 아쉽지만 일반 여행자하고는 다르다고 했다.

아쉬운 이별을 하고 고개를 넘어 내리막길을 가는데 한 중년 여인이 야광 짐퍼를 입고 동네 청소를 하다 나를 발견하더니 손을 흔들며 "어디로 가느냐?"고 묻는다. 나는 파파를 만나러 로마로 가는 길이라고 했더니 "부라보!"를 연거푸 외친다. 김이 모락모락 나는 노천온천에 발을 담근 것처럼 기분이 좋아졌다. 나는 손을 흔들며 다시 가던 길로 달려가고 있는데 웬 차가 앞에 서더니 안나라는 사람이 차에서 내린다. 여기서 조금 더 가면 올가가 운영하는 식당이 있는데 거기서 식사하고 가시면 계산을 자기가 할 것이라고 말하고 다시 일하러 갔다.

나는 점심 먹을 때를 약간 지났을 때라 "고맙습니다."하고 올가의 가게에 경쾌한 알레그로의 속도로 달려갔다. 나는 샌드위치 두 개에 큰 물병 두 개, 우유 큰 것 하나 잡으니 올가가 흠칫 놀라는 표정이다. 샌드위치 하나만 빼고 나머지는 내가 계산할 거라고 했다. 전화를 해보더니 안나가 다 계산한다고 됐다고 했다. 괜히 미안해졌다. 앉아서 먹고 있으려니 안나가 왔다.

자리에 앉은 안나의 파란 눈동자가 지중해보다도 푸르고 깊어 보였다. 한국의 이것저것을 물어보며 내 가족 사항과 여러 가지 잡다한 것까지 물어본다. 그리고 자기 딸들이 한국 드라마와 노래를 좋아한다고 했다.

"당신이 세상의 평화를 위하여 걸어가는데 내가 산 밥 한 끼 먹고 힘을 얻어서 꼭 목적하는 바를 이루었으면 좋겠어요."

"당신은 참 따뜻한 가슴을 가졌어요, 난 당신 때문에 그리스가 더 아름답게 보이고, 그리스인들이 사랑스러워졌어요. 난 결코 안 잊을 거예요."

"주라 그리하면 너희에게 줄 것이니 곧 후히 되어 누르고 흔들어 넘치도록 하여 너희에게 안겨 주리라 너희가 헤아리는 그 헤아림으로 너희도 헤아림을 도로 받을 것이니라." 누가복음 6:38의 말씀이다.

나라고 하여 왜 힘들어서 포기하고 싶은 날들이 없겠는가. 맨몸뚱이 하나로 지구에서 벌어질 수 있는 모든 어려움과 부딪치면서 때론 후회하고 넘어져서 일어나고 싶지 않을 때 따뜻한 가슴이 다가와 내게 꿈과 희망과 긍지를 퍼부어주었다. 따뜻한 가슴은 내가 어둡고 험한 골짜기를 지날 때 빛으로 나를 이끈 가장 큰 힘이다.

지금 내가 걷고 있는 마케도니아는 성 바오로가 하나님의 말씀을 들고 지나간 향취만이 아니라 위대한 정복자로 불리는 알렉산드로스의 고향이다. 그는 단지 영토를 확장한 정복자가 아니라 꿈과 이상이 원대한 사람이었다. 그의 세계관은 모든 사람이 하나의 민족이라는 것이었다. 그래서 그는 헬레니즘 제국을 건설하였고, 동서양의 문화가 하나로 융합되어 전혀 다른 세계를 창조하길 바랐다.

알렉산드로스 제국의 성립으로 그리스 문화와 오리엔트 문화가 활발히 교류하여 그리스 문화와는 다른 문화로 발달하였는데, 이를 헬레니즘 문화라고 한다. 스토아학파의 창시자 제논은 "모든 인간은 이 세계의 시민이다. 모든 사람에게 세계는 하나이다."라고 주장하였다. 그는 "모든 인간이 똑같은 목동 밑에서 풀을 뜯고 똑같은 성가신 일들을 겪는 양 떼처럼 똑같은 삶을 누려야 한다."라고 주장했다.

인도를 정벌하러 가는 도중에 알렉산드로스 대왕이 디오게네스에게 찾아갔다. 디오게네스는 일광욕을 즐기고 있었다. 알렉산드로스 대왕은 그에게 다가가 공손하게 "선생, 원하는 것이 무엇인가요?"라고 물었다. "아무것도 필요 없으니 다만 햇빛을 가리지 말고 한 발짝만 비키시오." 디오게네스는 어디 출신이냐는 질문에 "나는 세계 시민이다."라고 말했다.

그 시절 자신이 세계 시민이라고 언급한 그는 과히 선구자적인 철학자였다. 그러나 세계 시민 의식은 국수주의에 묻혀 오랫동안 잊혔다. 이때부터 이미 세계시민주의가 태동하였는데 아직도 세계시민주의의 길은 멀기만 하다.

62 배신의 꽃 박태나무 꽃

부활절 주에 데살로니카로 넘어가는 올리브 언덕에 봄꽃이 화사하게 피었다. 그날 예수가 골고다의 언덕을 십자가를 짊어지고 오를 때에도 새들은 지저귀며 봄꽃은 자태를 뽐냈으리라!

예수를 달랑 30냥에 팔아넘긴 유다는 나중에서야 자기가 무슨 짓을 했는지 깨닫는다. 예수는 이미 결박되었고 끌려갔으니 돌이킬 수 없음을 알고 너무나 창피하고 부끄러워서 그 돈을 성전 안에다 내던지고 스스로 목을 매어 죽었다. 진분홍빛 꽃이 흐드러지게 핀 박태나무에 목을 매고 셀프 교수형을 당했다. 그때부터 박태나무는 '유다의 꽃'이 되었고, '배신의 꽃'이 되었다. 예수는 가시 면류관을 쓰고 죽었는데 유다는 진분홍 화려한 유다 꽃나무에 대롱대롱 매달려 죽었다.

부활절 주에 데살로니카로 넘어가는 올리브 언덕에 봄꽃이 화사하게 피었다. 그날 예수가 골고다의 언덕을 십자가를 짊어지고 오를 때에도 새들은 지저귀며 봄꽃은 자태를 뽐냈으리라! 손수레를 밀며 힘겹게 언덕을 넘을 때 눈에 들어오는 것이 무리를 이루고 피어있는 박태나무 꽃이다. 우리나라 산의 진달래만큼 흐드러지게 화사하다. 봄바람은 꽃잎을 흩뿌린다. 아직 꽃을 피우지 못한 초로의 사내의 몸이 붉게 물들기 시작한다.

산 위에서 만나는 어른 주먹만 한 엉겅퀴도 넋을 잃고 바라볼 만하다. 남의 집 정원에 핀 등꽃이나 라일락꽃은 향기가 진해 코를 벌름거리게 한다. 간혹 여염집 정원에서 개나리꽃이 보이지만 진달래꽃은 외국의 산야에서 본 적이 없다. 진달래 대신 박태나무가 봄의 전령사 역할을 해준다.

최후의 만찬 그림에 등장하는 유다는 붉은 머리칼에 노란 망토를 입고 있는 전형적인 유대인의 모습이다. 노랑은 가슴이 따뜻하며 친

화력은 있으나 결단력이 부족한 사람의 이미지이다. 그의 표정을 자세히 보면 "난 아니야!"란 표정이 잘 묘사되어 있다. 그래서일까? 유다 나무의 진홍색과 함께 노랑은 배신의 색의 상징이 되었다.

데살로니카는 성경 66권 중 그 이름의 서신이 책 제목으로 등장하는 몇 안 되는 지역 가운데 하나다. 바울은 실라와 디모데를 동반하여 마케도니아로 건너왔다. 먼저 유태인 회당을 찾아 세 차례 안식일 강론을 하여 유대인들과 헬라인들이 성경을 믿게 되었다. 그러나 모든 일이 순조롭지만은 않았다. 시기와 핍박이 닥쳤다. 일행은 성도들의 도움으로 야음을 타고 베레아로 도망칠 수 있었다.

그곳에서도 복음을 전도하고 아덴(아테네)을 거쳐 고린도로 가게된다. 바울은 나중에 데살로니카 성도들의 믿음에 감격하여 "우리 목숨까지 지켜주기를 즐겨한다."고 회상했다. 그리고 바울은 이 아름다운 해변과 아크로폴리스의 고성이 있는 데살로니카를 다시 가보고 싶어 했다. 그런데 나는 이 아름답다는 데살로니카를 살짝 위로 스쳐 지나서 그 도시의 아름다운 속살을 하나도 보지 못했다. 내가 더 보고 싶은 아름다운 세상은 다른 곳에 있기 때문이다.

영원한 아름다움이 있는 곳. 평화의 꽃이 흐드러지게 피어나는 곳!

유다는 현실적인 지혜가 뛰어나 금전 관계의 일을 맡아보았다. 예수가 이스라엘의 왕이 되리라 기대했으나 기대와는 달리 세상 사람들에게서 기피당하자 실의에 빠져 불과 30냥에 스승을 팔아넘긴다. 그러나 예수가 재판에서 사형 선고를 받는 것을 보고 후회하여 돈을 돌려주려 하지만, 때는 이미 늦어버리고 유다는 목을 매어 스스로 목숨을 끊었다.

유다는 예수가 제시한 평화롭고 이상적인 세상에서 유대가 나아갈 방향을 찾았다. 그를 통해 해방될 유대의 미래를 꿈꾸었다. 예수의 가르침이 세상에서 펼쳐져서 그가 진짜 왕 중의 왕이 되기를 바랐다. 유대 백성뿐만 아니라 세상의 모든 고통 받는 백성들을 구원하고자 했던 예수의 장기적인 안목을 이해하기에는 유다는 너무 먹물이 많이 묻었다. 다른 11명의 제자와는 다르게 그는 학자 출신이었다.

예수 하나님의 나라가 오면 자신이 오른팔이 되어 펼쳐갈 새 회상의 계획으로 머리가 꽉 차 있었을 것이다. 예수의 장기적인 비전에 조바심하던 유다는 덜컥 대제사장에게 달려가 예수를 밀고해버렸다. 그것도 모자라 대사제들이 예수를 못 알아볼까 봐 최후의 만찬을 마치고 나서는 예수에게 노랑 도포를 휘날리며 다가가 "선생님!" 하며 부르고는 그를 끌어안고 키스를 퍼부었다. 유다의 키스는 배신의 영원한 징표가 되었다.

데살로니카의 박태나무 꽃 흐드러지게 핀 언덕을 넘으며 지금껏 내가 바라는 새 회상도 유다가 바라던 새 회상과 별반 다르지 않았을 것으로 생각했다. "나는 아니다!"라며 외면하며 회피하며 살았던 봄꽃 같이 피어나던 젊은 날에 대해 반성하는 마음이 생기는 것은 그나마 다행이다. 늦어도 한참 늦었지만, 피 흘려 투쟁은 못 했지만, 땀이라도 흘려 평화를 일구려고 길 위라도 나섰으니 참 다행이다. 이 일은 내가 선택한 일이 아니다. 운명이 나를 선택한 일이다.

63 목양견들의 격한 환영?

간신히 몇 굽이 오르고 숨을 고르는데 누가 부르는 소리가 나서 뒤를 돌아보니 한 중년의 사내가 손짓을 한다. 카페에서 잠시 쉬고 가라고 한다. 마침 쉬고 싶을 때 잘 불러주었다.

그리스에는 돌보다 많은 것이 이야기이다. 이제는 머나먼 이야기가 되어버린 과거의 찬란한 영웅들의 역사 이야기와 구름 위에 떠도는 것 같고 막장드라마 같은 그 많은 신의 이야기, 그리고 화석으로 굳어버린 전설이 있다. 이야기에 이끼 끼고, 바람 불고, 태양에 말려지고, 세월이 흐른 뒤에도 사람들의 가슴에 남는 게 있다면 신화가 된다. 거기에 일리아드와 오디세이가 있고 이솝이야기가 있다.

굴러다니는 돌을 발로 뻥 차면 이야기가 되어서 뗑그르르 굴러다닐 정도이다. 봄바람에도 꽃향기에도 이야기가 흘러나오는 것 같다. 내 흐르는 땀도 잘 다듬으면 이런 곳에선 이야기로 변신하여 소설이 되고 영화가 될 것 같다.

그리스 북부 마케도니아 지역은 험준한 산악지형이다. 저 멀리 에데사가 바라보인다. 절벽 위에 도시가 있는 것이 신기했다. 거기까지 손수레를 밀며 오르는 데도 입에서 단내가 났는데 오르고 보니 그곳은 산악지역의 초입에 불과했다. 간신히 몇 굽이 오르고 숨을 고르는데 누가 부르는 소리가 나서 뒤를 돌아보니 한 중년의 사내가 손짓을 한다. 카페에서 잠시 쉬고 가라고 한다. 마침 쉬고 싶을 때 잘 불러주었다.

그는 커피와 음식을 시키면 계산은 자기가 하겠다고 한다. 김이 모락모락 나는 커피가 나오자 그는 나의 이야기도 그리스의 그 흔한 이야기처럼 모락모락 나오길 보챈다. "언제 시작했느냐?" "출발은 어디서 했느냐?" "무엇 때문에 달리냐?" "어느 어느 나라를 거쳤느냐?" "지나온 나라의 사람들의 종교와 문화가 다를 텐데 안전에 문제가 없었느냐?" "어디까지 갈 것인가?"

나는 파파를 만나기 위해서 로마까지 달려간다고 설명했다. 파파를 만나서 남과 북의 분단 지점인 판문점에 초대해서 그곳에서 '평화의 미사'를 보시라고 부탁할 예정이라고 했다. "Wonderful!" "Bravo!" "Good!" 등의 추임새를 넣어 가면서 내 이야기에 귀를 쫑긋하며 들었다. 그는 반드시 파파를 만나서 당신의 희망대로 이루어질 것이라며 내 손을 굳게 잡았다. 추임새를 잘 넣으면 이야기꾼은 저절로 신이 나서 이야기가 술술 잘 풀린다.

예전에 영화가 생기고 텔레비전이 생기기 전에는 이 마을 저 마을 다니면서 이야기를 해주고 돈을 버는 직업적인 이야기꾼이 있었다. 지금의 배우 역할을 그들이 했다. 이야기꾼들이 이야기해서 더 많은 돈을 벌려면 더욱 생생하고 재미있어야 한다. 이야기꾼들은 이야기하면서 자기 흥에 따라 사람들의 반응을 살피면서 사실관계와 상관없이 청중들의 바람과 흥행 요소를 가미한다. 예나 지금이나 사람들은 얼굴을 찡그리면서도 막장드라마적인 이야기에 턱을 치받치고 귀를 쫑긋한다. 그래서 그리스·로마신화가 난잡한지도 모르겠다.

그러나 진정한 이야기꾼은 생계수단으로 이야기를 파는 것이 아니라 사람의 마음을 움직이는 힘으로 이야기를 활용한다. 이야기는 가공할 힘을 발휘한다. 감동으로 사람의 마음을 움직여 때로는 역사를 바꾸고는 한다. 천일야화의 주인공 세헤라자드는 수많은 여자의 생사여탈권을 쥔 강고한 왕의 마음을 움직였다. 과연 내가 불편한 두 다리를 절룩거리며 아시럽을 달리며 쏟아낸 이야기가 교황님의 마음을 움직여 판문점에 오시게 할 수 있을까?

드라마의 뿌리도 그리스에 있다. 연극이 종교 및 사회생활의 필수적이었던 고대 그리스로 거슬러 올라간다. 초기 연극은 디오니소스 신을 기리기 위해 공연되었다. 우리나라에도 구연(口演) 전통인 판소리가 있고, 중앙아시아에도 수천 년 전승된 광활한 대지에 펼쳐진 영웅의 대서사시 '다스탄' 문학이 있다. 이야기는 생각의 원천이 되고 상상력을 자극하며 꿈의 나래를 펼치게 한다.

나는 학창시절에 공부하는 것은 싫었지만 이야기는 좋아해서 그리스·로마신화나 이솝이야기는 즐겨 읽었다. 이야기는 마음을 움직이게 하는 힘이 있다. 이야기는 사람들의 영혼의 한쪽 끝자락을 자극하고 마음을 움직이는 마력을 가지고 있다. 어쩌면 정보와 디지털 시대에도 이야기의 가치는 더욱 무궁무진하게 영향력을 확장하며 영화 한 편 잘 만들면 자동차 수천 대를 판 것 보다 더 많은 생산성을 유발한다. 이야기를 만들어내고 이야기로 자신을 표현하는 소통의 방식은 더욱더 가치를 발휘하고 있다.

이솝 우화는 고대 그리스에 살았던 노예이자 이야기꾼이었던 아이소포스가 지은 우화 모음집을 말한다. 아이소포스는 흔히 이솝으로도 알려져 있다. 이솝우화는 의인화된 동물들을 통해서 재미있게 삶의 교훈을 전달한다. 이 이솝 우화에 개에 얽힌 이야기가 몇 개 기억난다.

'고기를 물고 가는 개'와 '늑대에 협력한 개' 이야기의 앞에 것은 고기를 물고 다리를 건너다 물에 비친 자신의 모습을 보고 더 큰 고기를 물고 있는 다른 개로 알고 그것을 뺏어 먹으려고 멍멍 짖다가 물고 있던 고기를 물에 빠트렸다는 이야기이고, 다음은 늑대가 양 우리를 지키는 개를 보고, 우리는 자유롭게 어디든 다니면서 고기를 마음껏 먹는데 너희는 양 우리나 지키면서 인간이 먹다 남은 밥찌꺼기만 먹지 않느냐, 어서 양 우리의 문을 열고 우리와 같이 다니자는 제안에 그만 속아 양 우리 문을 열었다가 그만 늑대들에게 먼저 잡아먹힌다는 이야기이다.

나는 이 개 이야기를 생각하면서 요즘 우리 정부가 동맹이라는 꼬드김에 넘어가 양 같은 국민들이 편하게 있는 울타리 문을 열었다 그만 동맹한테 개털림 당하는 것 같다는 착잡한 생각이 들었다.

산등성이를 내려오는데 저만치서 양떼의 무리가 평화롭게 풀을 뜯는 보습이 보였다. 갑자기 목양견 열 마리 정도가 내게 달려들어서 맹렬하게 짖으면서 으르렁거리는 위급한 상황이 벌어졌다. 부활절 휴일이라 지방도로에는 오전 내내 차 열 대 남짓 지나간 게 전부였다. 백주대낮에 대로에서 활극이 벌어졌다.

아무리 주위를 둘러보아도 도움을 요청할 곳이 보이지 않았다. 등줄기에 식은땀이 흘러내린다. 우선 가드레일 쪽을 등지고 손수레로 앞을 막으며 사납게 짖어대는 개들을 진정시키려고 얼마나 진땀을 흘렸을까? 때마침 픽업트럭이 지나가기에 소리를 쳤다. "Help me!" 차에서 청년 둘이 내리더니 돌을 집어서 던지면서 위기를 모면했다. 그들은 내가 무사히 안전지역을 벗어나자 다시 차를 몰고 갔다.

도대체 이야기가 굴러다니는 돌보다 더 많은 나라에서 살아온 콘스탄이라는 사내는 왜 내 발바닥에 묻혀온 이야기를 목마른 사람 모양 턱을 치받치며 들었을까? 나는 내 종아리에 사람들과 부딪치면서 불꽃같이 피어나는 이야기를 담아낼 것이다. 나의 달리기 이야기의 결론은 나도 모른다. 이야기꾼이 듣는 사람들의 반응을 보아가며 즉흥적으로 이야기의 물줄기를 틀 듯이 나의 '평화 달리기' 이야기도 듣는 사람들의 추임새에 따라 변할 것이다. 역사의 물줄기를 바꾸는 기가 막힌 이야기가 만들어지기를 고대한다.

64 넬라 판타지아

협곡은 깊고 새들의 노랫소리는 밝고 발랄하다. 지지배배 짹짹 짹 쏭쏭쏭쏭 뻐꾹 찌르르르 관현악 합주가 펼쳐진다. 마치 환상 속에 들어온 듯 착각을 일으키게 한다. 엔리오 모리코네의 넬라 판타지아의 관현악 연주가 울려 퍼지는 것 같다.

그리스 마케도니아의 산악지역에는 아름다운 야생화가 널렸다. 2번 국도를 따라 알바니아로 넘어가는 길은 험하고 고즈넉하다. 저 앞에서 하얀 궁둥이 노루가 풀을 뜯어 먹다가 나를 발견하고 저쪽으로 달아난다.

협곡은 깊고 새들의 노랫소리는 밝고 발랄하다. 지지배배 짹짹짹 쏭쏭쏭쏭 뻐꾹 찌르르르 관현악 합주가 펼쳐진다. 마치 환상 속에 들어온 듯 착각을 일으키게 한다. 엔리오 모리코네의 넬라 판타지아의 관현악 연주가 울려 퍼지는 것 같다. 이때 뻐꾸기의 연주는 오보에처럼 단연 독보적이다.

나도 어느새 음을 주절주절해본다.

넬라 판타지아 이오 베디 운 몬도 주스토

(나는 환상 속에서 새 세상을 봅니다.)

리투티 비바노 인 파체 에인 오네스스타

(모두들 평화롭고 정직하게 사는 세상을)

요 소뇨 다미메 케 소노 셈프레 리베레

(나는 항상 자유로운 꿈을 꿈꾸고 있습니다.)

코메 레 누볼레 케 볼라노

(저기 떠다니는 구름처럼)

피엔 두마니타 인 폰도 라미마

(영혼 깊은 곳에 있는 충만한 자비로운 영혼을)

꽃들은 언제 어디서 보아도 아름답지만 비옥하고 너른 들판에서 자라는 꽃보다 바위투성이의 황량한 산비탈의 야생화는 더 생생하고 강인하며 정교한 아름다움이 있다. 역경을 이겨내며 꽃피운 환희와 기쁨이 있다. 암벽의 갈라진 틈새의 비좁은 공간에서 기어이 뿌리를 내려 모진 바람 다 맞으며 꽃을 피우고야 마는 강인한 생명력은 감탄을 자아내게 한다.

작고 진하지 않지만 기품 있는 색과 자태의 꽃과 아슬아슬한 엄숙한 절경과 조화는 나그네의 마음을 사로잡을 만하다. 아! 이것은 기적이다. 사랑스러운 기적이다. 그래서 사람들은 이 작고 사랑스런 기적을 신들이 창조했을 것이라고 상상하고 이야기를 만들어내기 시작했을 것이다. 내 발걸음은 이런 곳에서 환상과 뒤섞이고 만다.

인간의 상상 속 욕망이 그대로 투영된 그리스 신화 속의 신들은 사랑과 질투와 배신, 오만과 속임수로 얽히고설킨 인간사의 적나라한 모습을 보여주던 신들은 지금은 어디로 사라졌을까? 아마도 산야에 야생화로 환생해서 못다 한 이야기를 내게 들려주는 것 같다. 이야기 속에 꽃은 고유한 인격을 지닌 채 등장한다. 신과 인간과 꽃은 경계가 모호해지고 유기체처럼 얽혀서 돌아가며 잔잔한 감동을 준다. 신화는 자연과 상생하는 인간의 삶이 우리의 미래의 삶이라는 것을 계시하는 듯하다.

제우스는 인간의 성적 욕망이 투영된 신이기도 하다. 수많은 여인을 유혹하는 그는 아내 헤라 여신의 질투를 사게 되고 결국 비운의 나락으로 떨어지게 된다. 강의 신 이나코스의 딸 이오는 너무 너무

예쁜 요정이었다. 제우스는 이오와 사랑을 나누다 부인 헤라가 다가오는 것을 발견하고 부끄러운 행동을 가리려고 먹구름을 일으켜 주위를 컴컴하게 만들고 이오를 암소로 변신시킨다. 헤라가 구름을 헤치고 보니 남편은 거울같이 잔잔한 강기슭에 있었고, 그 곁에 한 마리의 아름다운 암소가 서 있었다.

신의 촉과 여자의 촉을 다 가진 헤라는 제우스에게 이 암소를 자기에게 달라고 한다. 헤라는 이오를 아르고스에게 감시하게 하였다. 제우스는 연인이 고통 받는 것을 볼 수 없어서 헤르메스로 하여금 아르고스를 없애고 구출하라고 하였다. 헤라의 복수심은 더욱 불타올랐다. 자신이 쫓기는 것을 안 이오는 이오니아해를 헤엄쳐 도망치려 하였다. 결국 이오는 힘이 빠져 바다에 빠져 죽고 말았고 이 아름다운 영혼을 가진 여인은 죽이서도 벌이 되었다. 이오가 빠저 죽은 바다는 이오니아해가 되고 제우스는 이오의 죽음을 안타까워서 이오의 눈을 닮은 제비꽃을 만들었다.

봄에 가장 먼저 피는 대표적인 꽃은 뭐니 뭐니 해도 수선화이다. 어느 날 숲의 요정과 사랑에 빠진 제우스를 미행하던 헤라는 자꾸 말을 거는 에코 때문에 밀회 현장을 놓치게 되었다. 에코가 제우스를 도와주었다고 생각한 헤라는 영원히 다른 사람 말을 따라 하는 형벌을 내렸다. 미소년 나르키소스에게 사랑에 빠진 에코는 자신의 마음을 고백해 보지만 그녀는 나르키소스의 말을 되풀이할 뿐이었다. 나르키소스는 자신의 말을 따라만 하는 에코를 무시했고, 에코는 부끄러워 숲속 깊은 동굴에 자신을 숨기고 나날이 여위어 몸은 바위가 되고 목소리만 남게 되었다.

이를 본 복수의 여신 네메시스는 나르키소스에게 저주를 걸었고, 나르키소스는 물가에 비친 자신에게 사랑에 빠졌고, 물가에 비친 자신에게 사랑의 말을 건네다 애만 태우다 죽게 된다. 그 자리에서 죽은 나르키소스는 수선화로 피어난다.

일주일 이상을 산을 오르내렸다. 산은 깊고, 계곡은 험하고, 위엄이 있고, 물은 흐름이 빨라서 활기가 넘쳤고, 맑은 산의 체액같이 생명의 씨앗을 담았다. 산의 길은 가팔라서 직선으로 못 올라가고 지그재그로 손수레를 밀며 오른다. 이마에는 땀이 송글송글 맺혔고 손수레를 미는 손이 저려온다. 도대체 나는 어느 신의 저주를 받았기에 이 고생을 사서 하나? 갑자기 산 아래서부터 먹구름이 몰려온다. 제우스는 또 무슨 부끄러운 행동을 가리려고 먹구름을 일으키나? 산을 돌아드는 먹구름이 마음을 어지럽힌다.

아레스는 제우스와 헤라의 아들로 전쟁의 신이다. 아레스가 전쟁을 일으키는 이유는 무슨 목적이 있어서가 아니라 그저 피비린내 나는 전쟁을 즐길 뿐이다. 요즘 대통령의 언행을 보면 전쟁의 먹구름을 불러일으키는 주술행위를 하는 것처럼 아슬아슬하고 위험천만하다. 나의 달리기는 일종의 전쟁의 먹구름을 걷어내는 '평화의 바람'을 불러일으키는 주술행위이자 애절한 기도이다. 반드시 평화의 바람을 일으켜 전쟁의 먹구름을 흩어버리고야 말리라!

어느새 넬라 판타지아를 웅얼거리며 나는 알바니아 국경을 넘었다. 국경 3km 전까지 식당이 안 보여 산골마을 입구에서 무너진 담장에 엉덩이를 걸치고 가지고 온 비상식량으로 대충 요기를 하였다. 그리고 일어나서 바로 식당을 발견하고 안에 들어가 피자를 시켜 먹었다. 나오는데 웬 검둥이가 젊잖게 따라오기에 그냥 놔두었더니 국경까지 따라오더니 수속 밟는 동안 없어졌다.

알바니아라는 새로운 세계가 나를 기다리고 있었다.

알바니아

65 오흐리드호에서 혁명을 꿈꾸다

협곡은 깊고 새들의 노랫소리는 밝고 발랄하다. 지지배배 짹짹 짹 쏭쏭쏭쏭 뻐꾹 찌르르르 관현악 합주가 펼쳐진다. 마치 환상 속에 들어온 듯 착각을 일으키게 한다. 엔리오 모리코네의 넬라 판타지 아의 관현악 연주가 울려 퍼지는 것 같다.

알바니아는 옷장 뒤에 숨겨진 비밀의 다락방 같은 나라이다. 이 유럽의 수수께끼 같은 나라는 독재자 엔베르 호자가 40년간 통치하면서 외부 세계로부터 철저하게 고립되었다. 그의 사후 1985년 이후에 서서히 다락방의 비밀의 통로가 열리기 시작했다.

먼지 낀 비밀의 통로로 긴장하며 들어서는데 인적이 들려 돌아보니 그 길은 나만이 아니었다. 협곡은 깊고 새들의 노랫소리는 밝고 발랄하다. 지지배배 쨱쨱 쨱 쏭쏭쏭쏭 뻐꾹 찌르르르 관현악 합주가 펼쳐진다. 마치 환상 속에 들어온 듯 착각을 일으키게 한다. 엔리오 모리코네의 넬라 판타지아의 관현악 연주가 울려 퍼지는 것 같다.

그러나 들고 있는 횃불은 '평화'로 같다. 스님들도 염불로만은 세상을 바꿀 수 없다는 좌절감으로 길 위로 나섰다. 목소리를 증폭시키기 위해서 길 위에 나선 것이다. 혁명은 목소리를 높이는 것이다. 횃불을 높이 들어 동조자를 규합하는 것이다. 가슴의 불덩이를 다른 사람에게 전이시키는 것이다. 혁명은 한 사람의 영웅이 아니라 깨어난 시민들이 떨쳐 일어나 썩은 것을 도려내고 새살을 돋게 하는 역사적이며 외과적인 수술이다.

봄이 오고 꽃이 피는 것은 과히 혁명적인 사건이다. 꽃피는 혁명의 계절에 세상을 바꾸는 혁명 동지들을 만났다.

또 하나의 산등성이를 땀을 뻘뻘 흘리며 오른다. 분단과 독재로 일그러진 현실을 외면하고 살았던 젊은 날을 참회하는 마음으로 무거운 손수레를 밀며 가파른 산등성이를 오른다. 이마에는 땀이 나지만 바람이 차가워 손이 시려서 양말을 손에 신는다. 이런 날씨를 예상을 못 해 장갑을 미처 준비를 못 했다.

어! 왜 장갑은 손에 '낀다'이고 양말과 신발은 발에 '신는다'인가? 발은 소와 같이 묵묵히 힘든 일을 하는데도 손에 비하여 차별을 받는다. 발은 그래서 억울하다. 우리 일반 민중들은 그저 묵묵히 힘들고 거친 일을 도맡아 하면서 차별과 억압을 받으며 숨죽이며 살았다. 발이 더 없이 소중할 축구 선수들이나 육상 선수들의 발도 마찬가지로 홀대를 받는다. 그들의 발도 예외 없이 상이나 테이블에 올려놓으면 안 된다. 세계를 벌써 두 바퀴째 도는 소중한 내 발이라고 해서 예외는 없다.

상에는 못 올려놓지만 산에는 아무리 높은 산이지만 올려놓아도 누가 뭐라고 하는 사람이 없으니 건깅해서 산에 오를 수 있을 때 산을 오르자! 산신령은 관대해서 건강을 덤으로 선사한다. 바라건대 이렇게 많은 산을 손수레를 밀며 다리가 저리고 손이 저리도록 산에 오르면 우리가 그렇게 원하는 '평화'도 덤으로 주었으면 좋겠다.

굽이굽이 산 정상에 오르니 산신령이 언제나 덤으로 선사하는 절경이 펼쳐진다. 단내가 나던 입에서 카! 하고 탄성이 저절로 새어 나온다. 바다 같이 넓고 유리같이 맑고 푸른 호수가 내려다보인다. 파란 호수 건너편에는 하얗게 눈이 덮인 설산이 천상의 조화를 이룬다. 빨강 기와지붕들의 작은 도시가 내려다보이고 산을 지그재그로 깎아 만든 도로에는 주말을 맞아 나선 상춘객들의 차에 행렬이 펼쳐진다.

나의 혁명

길 위를 달리는 것
그리하여 가슴이 뜨겁게 달구어지는 것

뜨거워져야
쇠도 칼이 되고 보습이 되고
흙도 달항아리로 태어나며
뜨거워야 사랑도 하고
뜨거워야 언어가 시가 되듯
무엇이라도 되려고 길 위에 달린다.

이것이 나의 혁명이다.
현실을 딛고 먼 곳으로 달려가는 것

알바니아의 물가가 참 싸다. 비프스테이크와 샐러드를 시켰는데
10불 정도이다. 아름다운 호수가 내려다보이는 분위기 있는 카페에
서 커피를 마시는 것도 1불이면 된다. 이것이 주머니가 가벼운 나그
네에게는 대단한 즐거움이지만 현지인들의 각박한 삶을 대변해준다.
알바니아가 이렇게 된 것은 지도자 하나 잘 못 만난 탓이다. 그러니
주체성도 없으면서 역사의식은 결여되었고 국가적 자긍심도 없는 우
리나라의 대통령이 매우 불안하다.

대통령이 믿는 종교가 불안하다. 무속신앙을 믿는가 보다 했더니
'동맹' 신을 더 없이 떠받친다. 거기다 듣고 보도 못 했던 해괴망측한

'가치동맹'을 들먹인다. 대한민국을 들어 몽땅 동맹 신에게 바칠 기세이다. 밖에서 보는 조국은 내 발걸음보다 더욱 절름거린다. 정상에 오르긴 힘들어도 저렇게 절름거리다 낭떠러지로 떨어지는 것은 순식간이다.

엔베르 할릴 호자는 2차 세계대전 중 파시스트 이탈리아와 나치 독일에 맞서 알바니아 민족해방전선을 이끌며 독립운동을 했다. 제2차 세계대전 후 정권을 장악하고 공산국가를 수립했다. 그는 85년 사망할 때까지 40년 동안 철권통치를 한 독재자이다. 그는 혁명 동지들과 기념사진을 찍었다. 혁명동지들은 그가 정권을 잡고 난 이후에는 정적으로 여겨졌다. 토사구팽이 이어졌다. 하나씩 피의 숙청을 감행하고 사진에서 하나씩 지워버렸다. 사진은 나중에 독사진이 되었다.

철저한 스탈린주의자였던 그는 빨치산 동료였던 티토가 유고 연방을 세우고 알바니아를 가입시키려 하자 티토를 수정주의자로 비난하며 소련과 손을 잡는다. 그러나 스탈린 사후 소련도 수정주의라고 매도하면서 소련과도 관계를 끊고 철저히 고립주의의 길을 걷는다. 그는 동구권 공산국가 연합인 바르샤바 군이 쳐들어올지 모른다는 망상에 휩싸여 인구 200만의 나라에 70만 개의 벙커를 지으며 전 국토를 요새화했고 전 국민에게 무기를 지급하기도 했다.

오흐리드호는 해발 700m에 있는 발칸반도에서 제일 크고 수심이 250m나 된다. 이 아름답고 맑고 크고 깊은 에메랄드 빛 호수를 절름절름 달리면서 나는 나의 혁명을 꿈꾼다. 새 시대를 열고 분단 체제의 극복을 위한 피 없는 혁명의 대열에서 마지막 땀 한 방울까지 바칠 것을 다짐한다. 시인의 가슴으로 수구기득권세력에게 되치기당해 쓰러진 '촛불혁명'을 다시 일으켜 세워야 한다! 어느덧 키 큰 풀숲에 묻힌 벙커 위로 태양이 넘어가고 있었다.

66 판문점 선언은 겨레의 나침반

또 하나의 산을 오르내리며 알바니아의 수도 티라나로 가면서 5년 전 오늘 한반도
에 찾아든 평화의 봄을 회상한다.

또 하나의 산을 오르내리며 알바니아의 수도 티라나로 가면서 5년 전 오늘 한반도에 찾아든 평화의 봄을 회상한다. 그때 나는 인류 최초로 아시럽 대륙을 성공적으로 화석연료의 도움 없이 오직 두 다리의 힘만으로 거의 완주를 하고 베이징 근방을 달리고 있었다. 나는 평화의 올리브 가지를 입에 물고 판문점을 통과하여 광화문에 도착하는 평화의 상징적인 인물이 될 꿈에 부풀어 있었다. 노영민 주중대사는 대사관에 초대하여 남북 연락사무소가 설치되면 나의 북한 통과를 의제로 상정하겠다고 약속하였다.

"나는 평화를 바라는 8천만 겨레의 염원으로 역사적인 만남을 갖고 귀중한 합의를 이루었습니다. 한반도에 더 이상 전쟁은 없을 것이며 새로운 평화의 시대가 열리고 있음을 함께 선언하였습니다."

-문재인 대통령

"북과 남이 오늘 이렇게 다시 두 손을 맞잡기까지 참으로 긴 시간이 흘렀고 우리 모두는 너무 오랫동안 이 만남을 한마음으로 기다려 왔습니다."

-김정은 위원장

"한반도의 평화, 번영, 통일을 위한 판문점 선언 1주년을 맞이하여 나의 진심 어린 축하를 보내게 된 것을 기쁘게 생각합니다. 이번 1주년 기념행사가 일치, 대화, 형제적 연대에 기반한 미래가 실제로 가능하다는 희망을 우리 모두에게 줄 수 있기를 기원합니다.

-프란치스코 교황

판문점선언은 일촉즉발의 위기상황에서 기적같이 피워낸 한 송이 꽃이었다. 얼음 밑에서 피워 낸 꽃이었고 바위틈에서 자라난 한 그루의 늠름한 소나무였다. 온 겨레가 환호했고 곧 평화와 평화의 날이 닥쳐올 것이라는 희망이 생겼다. 우리 모두는 통일에 대한 기대로 가슴 설레었다. 세계의 시선은 한반도에 집중되었다.

정전 70년, 위정자들은 늘 정권 유지를 위해서 전쟁위기를 부축이며 강조해왔지만, 지금처럼 위기감이 고조된 적은 없었다. 동북아의 지정학적 영향권에 있는 남북한 포함해서 미국과 일본 등 모든 나라들은 '선제공격' '선제타격'을 공공연하게 떠벌이면서 참수작전 군사훈련으로 뒷받침해가면서 긴장을 고조시키고 있다. 미국은 이미 1950년부터 북한을 선제 핵공격 할 수 있다고 공언하고 있다. 최근에는 북의 정권의 종말을 공언하고 있다. 일본은 평화헌법을 사문화시키고 군사력 강화에 힘쓰고 있다.

북은 예전에는 한미훈련할 때는 웅크리고 있었는데 핵전력 완성 후 자신감으로 한미군사훈련 직전에 미사일을 쏘는 대담성을 보였다. 북은 언제 어디서든 미국 전역을 타격할 수 있는 핵무기를 고체연료를 이용하여 미사일을 발사할 수 있는 능력을 보유하고 있다. 또 이에 맞선 한국은 압도적으로 우세한 군사력으로 대응한다는 것이다. 뿔을 곧추세우고 마주 달리는 두 마리의 황소 싸움처럼 위태롭기만 하다.

한반도의 모든 풀리지 않는 문제는 전쟁이 종식되지 않았기 때문이다. 전쟁 중인 나라는 수단과 방법을 가리지 않고 이겨야 하는 명제가 있다. 이기기 위하여 경쟁적으로 군사력을 확장해야 하는 것은 당연한 것이다. 이제 이 모든 부조리와 고통 고리를 끊어버리기 위해서도 정전협정을 평화협정으로 전환해야 한다. 평화와 번영을 꿈꾼다면 먼저 교류와 협력, 신뢰를 쌓는 일에 충실하여야 한다. 우리는 더 많이 만나고, 더 많은 좋은 추억을 축적하여야 한다.

생각할수록 개성공단의 전격 폐쇄 조치는 안타까울 수밖에 없다. 그것은 통일의 든든한 기초공사이었기 때문이다. 개성공단은 남측의 자본과 기술, 북측의 노동력과 토지를 결합하는 남북 상생협력의 표본이었다. 남북은 개성공단 1단계 사업으로 우선 100만 평, 2단계는 250만 평, 3단계는 2천만 평으로 확대하여 인구 100만 명 정도의 신도시를 만들 계획이었다. 그렇게 되었다면 우리가 상상한 것보다 더 많은 좋은 추억을 공유할 수 있었을 것이다.

군사훈련, 무력시위로는 평화를 이룰 수 없다, 제1차 세계대전도 군사훈련에서 시작했다. 오스트리아-헝가리 제국은 세르비아 국경 가까운 보스니아의 사라예보에서 대규모 군사훈련을 전개하기로 했다. 지금의 한미 군사훈련과 같은 그런 군사훈련이었다. 오스트리아의 황태자 페르디난트는 이 군사훈련을 독려하고자 사라예보에 도착했다. 19세의 세르비아 청년 프란치프가 쏘아 올린 총성이 울렸다. 제1차 세계대전을 알리는 신호탄이었다.

세르비아의 코앞에서 펼쳐지는 불안한 전쟁연습이 900만 명이 넘는 인명을 죽음으로 몰고 유럽을 불바다로 몰고 갔던 1차 세계대전의 도화선이었다. 한, 미, 일 전쟁연습은 다시는 하지 말아야 할 것이다. 평화는 그렇게 오지 않는다. 평화는 절대 힘의 과시로 오지 않는다.

진정으로 평화를 원한다면 전쟁을 준비할 것이 아니라 평화를 준비해야한다. 평화가 곧 경제고 미래의 먹거리이기 때문에 평화는 그 어떤 기술적 혁명보다도 더 생산성이 높다.

팔천만 겨레와 온 세계가 이목을 집중한 가운데 남과 북 정상이 뜨겁게 두 손 마주 잡고 선언하고 약속한 '판문점 선언'은 세월이 흐르고 정권이 바뀌어도 지켜야 할 굳은 맹세이다. 평화의 희망을 되살리는 힘은 결국 시민들에게서 나온다. 휴지장이 되어버린 판문점 선언에 생기를 불어넣는 일은 결코 쉽지 않은 일이지만 시민이 해야 한다. 시민들이 회초리를 들고 준엄하게 꾸짖어야 한다.

세계는 지금 각자도생을 하면서 이념과 진영논리에서 멀어졌는데 우리만 이념과 진영논리 속에 스스로 목줄을 묶어 동맹의 개가 되고 있다.

"북한의 핵 공격 시 미국의 핵무기로 압도적이고 결정적인 대응을 하겠다." 과연 이 사람의 머릿속에는 8천 만 겨레의 생명과 안전에 관심이 있는 것인지 의문이 든다. 백 년 전 무능한 왕과 무능한 신하들의 어리석은 처신이 나라를 잃고, 그것은 분단으로 이어지고, 분단은 전쟁으로, 전쟁은 다시 분단의 고착화로 이어져 끊임없이 우리 민족에게 고통을 안겨주었다. 어리석고 무능하고 사리사욕만 채우려는 지도자가 역사에 얼마나 큰 불행과 고통을 안겨주는지 오늘 우리는 다시 되새겨 보아야 한다.

애당초 분단은 우리의 뜻이 아니었다. 강대국들의 힘의 논리에 의하여 희생양이 되어 해방과 동시에 분단의 운명에 처하게 됐다. 그렇

게 분단되어 피를 나눈 부모, 형제는 갈라져 피눈물을 흘리길 어언
78년, 피눈물은 대동강과 한강을 원한으로 가득 채워 흘렀다.

아 아! 백두산 천지에서 두 손 맞잡은 통일의 희망은 바람에 날아
갔고, 역사에 길이 남을 판문점 선언은 휴지장이 되어 거리에서 이리
밟히고 저리 밟히어 쓰레기가 되고 말았다.

"가자! 북으로, 오라! 남으로, 우리 온 겨레 판문점에서 만나 어화
둥실 얼싸안고 한바탕 춤을 추자꾸나!"

길이 아무리 멀고 험해도 가지 못할 길은 없다. 불확실의 안개 속
으로 뛰어든 지 어언 9개월여 수많은 장애를 하나씩 게임 즐기듯 즐
거움으로 제거하면서 묵묵히 한 걸음씩 옮겨놓았다. 여러 가지 우여
곡절이 있었지만 다 헤치고 여기까지 왔다. 평화의 길도 결코 쉽지는
않겠지만 결코 못 갈 길도 아니다. 이제 남은 두 달여 일정, 엎어지면
기어서라도 기어이 교황청에 가서 프란치스코 교황을 알현하고 '판
문점에 오셔서 평화의 성탄미사를 집전'하시기를 간절한 소망을 담
아 부탁드리고야 말 것이다.

67 전쟁의 강풍

나는 눈을 감는다. 무능하면서도 정치적 야욕으로 가득 찬 인간 군상이 보인다. 무
능과 야욕에 만나면 시선을 왜곡시킨다. 시선이 왜곡되면 말과 행동이 위험해진다.
한 번도 삶에 진지해 본 적이 없고 사려 깊게 생각해보지 못한 자가 말만 많은 것
은 위험하다.

본다는 것은 얼마나 경이로는 기능인가! 시신경과 뇌신경은 얼마나 유기적으로 잘 엮여 작동하는가! 한걸음 한걸음 나아갈수록 변화하고 새로운 전경들이 시시각각 변하면서 혼자 9개월 넘게 걸어도 전혀 외롭거나 심심할 틈이 없다. 엄청난 양의 빛과 공간이 눈의 블랙홀로 빨려 들어와 뇌신경의 사이사이에 저장된다. 나는 마치 치매 예방에 좋다는 두 그림 사이에 다른 곳을 찾는 듯 자세히 관찰하며 이 마을 저 마을을 지난다.

빨간 기와집들과 창문 안에 서성이는 여인의 그림자, 삶의 무게가 느껴지는 무수한 옹이가 박힌 올리브나무와 이제 사랑에 눈뜬 지 얼마 안 됐을 연인들의 맞잡은 뜨거운 손, 전봇대에서 지저귀는 가련한 새들. 아스팔트 위에서 왈츠를 추는 봄 햇살, 공동묘지 위에 감도는 썰렁함. 시골 장터의 생기, 오토만제국의 건축 양식으로 지어진 이슬람의 모스크와 가톨릭교회가 사이좋게 길 하나를 사이에 두고 마주 서 있는 것에 애정 있는 시선을 보내게 된다.

나는 눈에 들어오는 모든 것들과 교감을 한다. 시선은 상상의 문을 활짝 열어준다. 나는 무엇보다도 봄의 수줍은 듯 연초록에 마음이 간다. 내리는 비와 굽이치는 강물을 보면 자연히 귀는 강물의 언어에 귀를 기울이게 된다. 그러는 동안 뇌의 회로는 복잡하게 움직이다 마침내 성난 파도를 잠재우고 무사히 트로이로 출항하기 위해 산 제물이 되어야 했던 아가멤논의 딸 이피게네이아를 떠올린다.

나는 눈을 감는다. 무능하면서도 정치적 야욕으로 가득 찬 인간 군상이 보인다. 무능과 야욕에 만나면 시선을 왜곡시킨다. 시선이 왜

곡되면 말과 행동이 위험해진다. 한 번도 삶에 진지해 본 적이 없고 사려 깊게 생각해보지 못한 자가 말만 많은 것은 위험하다. 그런 자가 운 좋게 정치적 야욕을 채웠다면 그의 왜곡된 시선은 전쟁을 불러올 만큼 위험하다. 온 민족을 불행에 빠트릴 만큼 재앙이다.

알바니아의 풍광과 역사는 낯선 듯 익숙하다. 산이 많고 돌이 많은 풍경과 우리 역사와 같이 비극으로 점철된 발칸반도의 작은 나라 알바니아는 연이어서 외세의 침략을 받았다. 오스만제국의 지배를 400년간 받다가 잠깐 공화정이었다가 백성들의 삶은 전혀 관심 없던 대통령은 왕정으로 바꾸고, 독일, 이탈리아, 그리스 등으로 주인이 바뀌었고, 그에 따라 이탈리아의 리라를 새 화폐로 사용하다가 그리스의 드라크마로 화폐가 바뀌길 반복한다.

독일군이 패망하여 떠난 후에 모두가 동등한 기회를 갖는 새 나라를 만들고자 하는 젊은이들이 공산주의에 몰두하여 빨치산운동을 시작하면서 동족끼리 죽이는 살육전이 벌어진다. 열정이 지나치면 시선에 백태가 끼게 되고 그런 왜곡된 시선도 민족들을 불행에 빠트리게 된다. 그러는 동안 국민은 해외로 빠져나가서 알바니아 인구는 300만 명이 채 안 되는데 재외동포가 더 많다고 한다.

"제기랄 또 전쟁이 터졌군. 이 나이를 먹도록 진정한 평화를 누리질 못하고 눈을 감게 생겼군!"

오래 살아 이 모든 비극을 겪어온 노인의 입에서는 한숨만 나온다. 그런 노인들에게는 전쟁은 그저 지루하고 답답한 하루의 연속이었을 것이다. 그런 사람은 주변 사람들이 하나씩 죽어 나가는 것을 무감각한 시선으로 바라보고, 무감각한 마을사람들이 모여서 장례를 치러주는 초월적인 삶이 있다.

공습경보가 울리면 어디 으슥한 곳으로 피신하는 것이 습관처럼 길들어 있다. 방공호 안에는 남녀노소와 이슬람교도와 기독교도, 신부와 매춘부가 같이 모여 배고프고 갑갑하고 불안한 공포를 나누었다. 불안은 나이와 신분을 불문하고 공평하게 사람들을 지배했다. 불안을 이기려고 사랑 없는 섹스를 하는 남녀가 있고, 철없는 아이들은 여전히 그 안에서 칭얼대고 싸우고, 젊은이들은 사랑하고 아이를 낳는다.

폭탄이 떨어지는 동안 지축이 흔들리더니 모든 불빛은 사라지고 공포에 혼이 나가 처녀는 낯선 남자의 품에 파고들었다. 제정신을 지키기 힘든 극한의 상태가 지나고 이윽고 폭풍이 지나가고 고요가 찾아온다. 제정신을 먼저 차린 사람을 불부터 밝히고 처녀가 낯선 총각의 가슴에 안겨 있는 것을 발견한 어른은 아직도 제정신이 돌아오지 않은 처녀의 머리채를 잡고 끌고 간다. 다른 사람들은 가족의 생사를 확인하느라 제정신이 아니다.

폭격이 지나간 다음에는 인간들이 불러일으킨 재앙의 흔적은 여기저기 생채기처럼 남는다. 무력하지만 동시에 강인한 삶의 의지를 가진 사람들이 가공할 세계의 폭력에 맞서 투쟁하며 피 흘리고 넘어졌다가 들풀처럼 다시 일어서는 모진 삶의 흔적이 여기저기 있다. 알바니아인들은 강인한 반면 여전히 마법에 걸린 물건들을 두려워하고, 닭 뼈로 점을 치기도 한다.

전쟁의 두려움으로 말미암아 독재자 엔베르 호자는 조그마한 나라에 70만 개에 달하는 큰 벙커를 지었는지 모른다. 전쟁은 참으로 두려운 것이다. 전쟁은 정신 똑바로 차리고 세상 돌아가는 것을 응시해도 막아내기 힘든 것인데 왜곡된 시선으로 대응하며 힘센 개 한 마리 믿고 다른 힘센 개 여러 마리에게 으르렁거려서야 어떻게 안전을 보장한단 말인가.

뇌의 회로를 부지런히 움직이다가 129년 전 백성이 주인인 세상을 만들려다 희생된 동학혁명의 영령들을 생각한다. 이는 세계사에서 유례를 찾을 수 없는 아래로부터의 대혁명이었다. 일제와 맞섰던 독립투쟁에 목숨을 바친 영령들, 독재정권의 강풍을 잠재우려다 청춘을 바친 수많은 이피게네이아들에게 잠시 머리를 숙인다. 오늘도 광장에는 무모한 독재정권의 강풍을 잠재우고 전쟁의 광풍을 막으려 모여드는 끈질긴 이피게네이아의 행렬이 이어진다.

몬테네그로

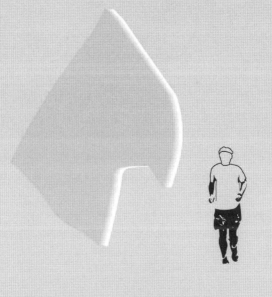

68 상전벽해(桑田碧海)

몬테네그로는 '검은 산'이라는 뜻이다. 흑산(黑山)에는 거칠면서도 소박한 아름다움이 있다. 그것은 고행의 수도승이라도 순간 주제를 망각하고 넋을 잃고 바라볼 신비한 미모의 여인 같은 아름다움이다. 그 속에 사는 사람들은 얼마나 순박하고 인심이 좋은지!

여러분들이 몬테네그로를 무슨 이유로든지 방문할 기회를 가진다면 파도처럼 밀려오는 감동을 맞을 준비를 해야 할 것이다. 험준한 산세에 걸맞은 깊은 협곡, 아드리아해의 쪽빛 바닷물로 금방이라도 뻗어 나갈 듯한 당당한 위세의 기암괴석의 절벽들, 깊이 들어간 만과 멀리 뻗어 나간 곳의 아름다운 곡선은 그가 순례자이든 행락객이든 가리지 않고 매력에 푹 빠지게 한다.

몬테네그로는 '검은 산'이라는 뜻이다. 흑산(黑山)에는 거칠면서도 소박한 아름다움이 있다. 그것은 고행의 수도승이라도 순간 주제를 망각하고 넋을 잃고 바라볼 신비한 미모의 여인 같은 아름다움이다. 그 속에 사는 사람들은 얼마나 순박하고 인심이 좋은지!

나는 지난번 여정 중에 나의 여정이 전적으로 통일에 대한 열정이나 평화를 갈망하는 간절한 마음으로 이 한 몸 불사르겠다는 결연한 심정만으로 출발한 것이 아니었다고 고백한 적이 있다. 나는 통일을 이루기 위한 여러 가지 방법 중에 나만이 할 수 있는 방법을 사색하다 문득 시상처럼 떠오른 방법인 것은 맞지만 개인적으로는 이 극한의 여정 중에 내 몸이 치유가 되는 기적이 일어나길 간절히 원했다.

몸이 뜨거워지면 면역력이 높아지고 몸과 마음이 유연해진다. 달리면 몸이 뜨거워지면서 온몸에 땀이 송글송글 맺히면서 다른 세계로 여행을 시작한다. 영혼과 육신이 고통 속에서 오히려 자유로워지면서 만나는 새로운 세상이다.

해발 몇천 미터나 되는 산도 넘고 가파른 내리막길을 손수레의 무게를 무릎 힘으로 버티다 안 되면 지그재그로 내려오기도 하고, 먼지와 매연 속에서도, 컴컴하고 음습한 터널 속에서 차가 쏟아내는 소리의 공포를 이겨내려 눈 딱 감고 헤쳐 나오기도 했다. 어떤 길은 냇물이 가로막으면 신발을 벗고 냇물을 건너기도 했고, 어떤 길은 가다보면 가드레일에 막힌 길도 있었다. 수레에 실은 짐을 하나씩 빼고 빈 수레를 가드레일 위로 어렵사리 넘겨서 짐을 하나씩 실은 적도 있었다. 어떤 때에는 식사를 제때 못해서 하늘이 노랗게 되고 어지러워도 나는 가던 길을 멈추지 않았다.

세상과 벽찬 조우와 자연의 아름다움은 난관을 헤치고 위험을 감내한 덤처럼 주어지는 순간들이다. 나그네 길에는 덤처럼 주어지는 특별한 시간이 하나 더 있다. 세계 각국에 미녀들과 미묘하게 주고받는 감정교환의 시선을 나는 즐긴다. 이 나이에도 아름다운 여인의 야릇한 시선을 받으면 가슴이 설렌다.

아직도 가슴이 두근두근한 시간을 누릴 수 있는 것은 삶이 활력이요, 온갖 어려움을 극복할 힘이요 원동력이니 이것을 부러워하되 시기하지도 마시고 내게 수도승도 못 지킬 정신적인 순결함까지 요구하시지 마시라!

쾌활하면서도 유쾌한 기분을 유지하는 가장 좋은 방법은 몸을 끊임없이 움직여주는 것이다. 안이하게 있는 것은 기쁨이 자리하지 못한다. 기쁨이 넘쳐 세상을 주유하고 있는 모습에 많은 사람이 응원해준다. 남녀노소가 따로 없다. 이곳은 유럽의 저렴한 휴양지이다. 그래서 유럽의 중산층들이 많이 온다. 자연히 숙소 요금이 비싸다. 요금이 내 주머니 사정이 감당할 정도가 아니어서 이제 피곤하기도 하고 어디 적당한 곳을 찾아 텐트를 치려고 마음을 먹은 순간 필리핀 여자가 반갑게 인사를 한다.

무화과나무 향기가 흩날리는 부르바라는 도시의 언덕 아래였다. 인생은 만남이라고 하는데 길 위에 나서니 만남의 연속이다. "광야에서 포도를 만남 같이, 무화과나무의 처음 달린 열매를 만남 같이" 그녀는 지나가다가 나를 보더니 같은 아시아인을 이오니아해의 바닷가 마을에서 만남에 그냥 지나치지 않았다. 인사를 나누고 이곳에 살면 혹시 값싼 숙소를 알아봐 줄 수 있냐고 물었더니 어디에 전화를 하더니 25유로면 괜찮겠냐고 해서 나는 좋다고 하였다.

가장 아름다운 만남은 손수건 같은 만남이라고 한다. 힘이 들 때 땀을 닦아주고 슬플 때에 눈물을 닦아 주기 때문이다. 나는 그것도 좋지만 생기를 잃어 갈 때 내 영혼의 한쪽 귀퉁이를 봄바람처럼 살랑살랑 자극을 주는 만남을 제일 소중히 여긴다. 그의 말 한마디가 영혼을 자극하여 좋은 생각이나 꿈과 시상을 불러일으키는 만남이다.

그리고 이것은 나만의 비밀 아닌 비밀인데 눈빛 교환만으로도 자극을 줄 수 있는 낯선 여인의 웃음 진 얼굴은 내게는 생의 활력을 주는 리튬전지같이 소중한 것이다. 웃음 하나로도 내 육신의 피로는 어디론지 날아가고 긴장은 풀어진다. 누구도 나를 응원한다는 이유로 도덕적인 잣대를 들이밀며 이런 소소한 즐거움을 뺏어갈 권리는 없다. 누구도 눈빛으로 사랑을 나누고 마음으로 그리움을 막은 성인은 없었다.

뽕나무밭이 바다가 되었다는 뜻의 상전벽해(桑田碧海)라는 말이 있다. 중국에는 뽕나무 밭이 바다가 된 곳이 없는데 어떻게 이런 말이 나왔을까? 뽕나무 과의 무화과의 원산지는 지중해이다. 지중해는 원래 낮은 땅이었고 무화과나무가 자라던 곳이었으리라! 뽕나뭇과의 무화과나무가 자라던 지중해에서 전쟁터가 변하여 새 세상이 오기를 꿈꾼다. 비무장지대가 변하여 평화의 동산이 되기를 꿈꾼다.

포탄이 무성하게 덮은 전쟁의 밭이 쪽빛 평화의 바다가 되는 것은 아름다운 여인의 미소보다도 더 그리움의 대상이다. 내가 지구촌 곳곳을 다 돌아봐도 지구 어느 한 곳 아름답지 않은 곳이 없고 업신여길 곳이 없다. 심지어 사막에도 고독은 있을지언정 고독을 이겨내고 바람과 태양을 이겨낸 자에게 선사하는 아름다움이 있다. 들꽃의 아름다움은 또 어떠랴?

하물며 사람들이야 말해 무엇 하겠나? 이 세상에 포탄이 떨어져도 괜찮은 곳은 하나도 없더라! 밟혀도 괜찮은 하찮은 꽃은 없고, 전쟁터로 내몰려 죽어도 될 가벼운 청춘은 하나도 없다. 그러니 미국하고 러시아는 종전 협정에 하루 속히 서명하라!

만일 그것이 싫으면 푸틴하고 바이든이 석양이 지는 황야에서 단둘이 결투를 벌여 승패를 가르면 제일 간단할 일이다. 그보다 더 평화적인 방법도 있다. 바둑이나 체스로 승부를 결정하는 방법이다. 그도 저도 싫으면 가위바위보로 결정하면 좋겠다. 정 두 사람의 직접 대결은 피하고 싶다면 러시아의 격투기 선수 표도르와 미국이 레슬링 선수 록키의 대리전은 어떠한가?

　미국은 커튼 뒤에서 전쟁을 기획하고 연출하고 포탄을 공급하며 끊임없이 약한 나라의 젊은이들을 포탄 밭에 내몰지 말고 세계평화에 이바지하는 책임 있는 나라가 되라! 그리하면 상전벽해(桑田碧海)처럼 전쟁터는 축제의 장소가 될 수 있다. 판문점은 남남북녀의 무도회(舞蹈會)장이 될 수 있다.

크로아티아

69 평화의 돌을 쌓자!

"당신은 남한에서 왔어요? 북한에서 왔어요?" "나는 하나의 한국을 만들기 위해서 이렇게 달리는 거예요. 그리고 나의 아버지는 북한 사람이고 어머니는 남한 사람이에요. 그러니 내가 무어라 대답을 하겠어요." "아! 그렇군요. 미국이 당신의 나라를 갈라놓은 거예요."

가장 아름다운 산과 가장 아름다운 바다가 서로 만나 부둥켜안고 키스를 나눈다. 가슴과 가슴이 만나 심장이 요동치듯 파도가 일렁인다. 비췻빛 바닷물이 햇살을 튕겨내 눈이 부시다. 하늘은 청명하고 물결은 잔잔하다. 요트는 바람을 잔뜩 머금고 앞으로 나아간다. 두 입술 만나는 그 지점에서 또 젊은 두 청춘이 수영복을 입고 낭만과 키스를 한다.

나도 저렇게 좋은 시절이 있었나 하고 색 바랜 추억을 들추고 있는데 갈매기들이 하늘에 W자를 그리며 날고 있다. W자 이니셜의 단어를 생각한다. 우선 내 가슴에 ONE WORLD, ONE KOREA라는 구호가 적혀있다. 그리고 WAR라는 단어를 떠올린다. 전쟁을 떠올리자 소름이 돋는다.

한 여인이 런닝복 차림으로 앞질러 달려간다. 뛰는 폼이 참 좋다. 앞질러 가던 여인이 다시 돌아와 내게 큰 길로 가면 갓길도 없고 차량 통행이 많아 위험하니 자기를 따라오라고 한다. 아름다운 여인을 동행하여 달리는 일은 좋은 일이다. 그 길은 옛 기찻길을 포장하여 만든 해변의 산책로였다. 멋지고 여유롭고 안전한 길이었다.

"당신은 여기서 살아요?" "나는 크로아티아가 고향인데 결혼하고 남편 따라 이곳에 살기 시작했는데 벌써 32년째예요. 당신은 남한에서 왔어요? 북한에서 왔어요?" "나는 하나의 한국을 만들기 위해서 이렇게 달리는 거예요. 그리고 나의 아버지는 북한 사람이고 어머니는 남한 사람이에요. 그러니 내가 무어라 대답을 하겠어요." "아! 그렇군요. 미국이 당신의 나라를 갈라놓은 거예요. 유고슬라비아 내전도 미국이 뒤에서 꾸민 거예요. 우크라이나 전쟁도 마찬가지고요. 그들은 전쟁의 설계자예요."

그러더니 그녀는 어느새 내 유모차를 넘겨받아 밀며 달리고 있었다. 그리고는 묻지도 않았는데 "나는 카이로테라피스트인데 직장을 못 구해서 휴가철이면 이곳에서 도넛 장사를 하고 있어요."라고 소개하였다. 그렇게 아직 철 이른 해변을 낯모르는 이국의 여인과 시시콜콜한 대화를 나누며 한 5km를 같이 달렸다. 아침에는 검둥 강아지가 슬그머니 따라붙더니 2km가량 따라오다 슬그머니 사라져갔다.

티바트라는 마을에서 하루 휴식을 취한 나는 가벼운 몸과 마음으로 언덕을 올랐다. 어제 교황청 대사관으로부터 기분 좋은 소식도 받은 차였다. 교황님이 7, 8월은 휴가라 시간을 못 내시고 6월 중순에 바티칸에 오면 단독면담은 몰라도 교황님이 집전하는 미사의 귀빈석을 마련해주고 미사가 끝나면 인사하고 메시지를 전달하는 시간을 마련하겠다고 했다. 내 마음은 그 소식을 들은 다음부터 헬륨을 머금은 풍선처럼 두둥실 하늘에 떠올랐다.

애당초 먼발치에서나마 교황님 법복이라도 볼 수 있을까 하는 마음으로 시작했었다. 이제 교황님께서 판문점에 오셔서 크리스마스 미사를 보시도록 다 함께 뜻을 모으고 마음을 모으는 일만 남았다. 만약 교황님이 판문점에 오셔서 특별 미사를 집전한다면 분명 통일 역사의 큰 이정표가 될 것을 확신한다.

언덕 아래 코토르만이 내려다보인다. 가파른 절벽과 아드리아의 푸른 바다, 중세풍의 집들이 한 장의 엽서 같이 펼쳐졌다. 코토르 만이 굽이굽이 해안선을 따라 돌아가고 있었다. 저 코토르만 깊이 서쪽으로는 타라캐년이 연결되었다. 그 일대에는 1000년의 세월을 고스란히 견뎌낸 수많은 성채와 유적들이 버티고 서 있을 터였다. 타라캐년은 타라 산맥으로 올라가는 길목이다. 이곳은 내륙으로 들어가는 전략요충지로 전쟁 한번 치르고 나면 주인이 바뀌곤 했다.

4세기 국력이 뻗어나던 로마는 이곳을 통과해야 동유럽으로 갈 수 있었다. 로마 군인들은 타라 계곡을 타고 올라와 타라 산맥의 줄기인 로브첸 산 아래 진을 쳤다. 로브첸 산은 얼마나 기가 세고 영험해 보이는지 어린 병사들은 두려움에 떨었다. 검고 높고 험한 산은 그들에게 경이롭기까지 했다. 거기에 고흐 그림의 주된 소재였던 키 큰 사이프러스나무 숲은 저녁 어스름에 보면 마치 거인 병사들이 열병하는 것 같아 위압감을 느꼈을 것이다.

지금이야 아름다운 푸른 산과 바다에서 휴양을 즐기려는 많은 유럽인이 몰려들어 돈을 쓰고 가지만 아름다움이 밥 먹여주지 않던 시절 밭 한 떼기 부쳐 먹을 변변한 땅이 없던 몬테네그로인들의 삶이 얼마나 척박했을지 눈에 선하다. 거칠고 희망이라고 없었던 젊은 날 내내면 만큼이나 싸늘함을 느끼면서 삭막한 청춘을 이겨내고 지금 오히려 희망과 활력이 넘치는 나 자신에 큰 자부심을 느낀다.

발칸의 베네치아로 불리는 코토르 만에는 두 개의 작은 섬이 있는데 하나는 성 조지 섬이며, 다른 하나는 바위의 여인(Our Lady of the Rock)이라 불리는 인공 섬이다. 이곳은 원래 암초가 있어 배들이 좌초하여 많은 사람이 죽어 나가던 곳이었다. 1452년 어느 날 어부 형제가 이 암초 근처에서 조심조심 조업을 하다가 암초 위에 성모 마리아가 그려진 성화를 발견하고 신의 계시로 여긴 이들은 이곳에 돌을 가져다 쌓기 시작하였다. 돌을 쌓아 사고를 방지하고 여기서 죽은 영령들을 위로하는 성당을 짓기로 결심한다.

사람들은 비웃었지만 두 형제가 배로 실어 나르는 돌이 하나둘 쌓이면서 암초가 확연히 드러나서 더 이상 여기서 사고가 나서 인명피해가 발생하는 일은 없어졌다. 어부 형제들은 나이가 들어서 죽었고, 사고가 더 이상 안 생기자 마을 사람들이 형제들의 숭고한 뜻에 동참하기 시작했다. 마을 사람들도 나이가 들어 하나둘 죽어갔지만 그들의 자식들이 돌을 가져다 쌓기를 200년, 마침내 바다 한가운데 작은 섬이 만들어지고 1630년에는 성화의 발견을 기리는 바로크 양식의 성당이 들어섰다. 성당 제단에는 당연히 암초에서 발견된 성화를 모셔 두었다.

후대 사람들은 계속하여 바다의 안녕을 기원하고 바위의 여인에게 감사하는 마음으로 은으로 판화를 만들어 봉헌하여 벽에 장식하기 시작하였다. 그것은 지금도 계속 이어지고 있다. 성당의 벽은 은빛으로 빛나고 있고, 은빛처럼 빛나는 선조들의 숭고한 전통은 면면히 후손들을 통해서 이어지고 있다.

우공이산(愚公移山)의 전설이 생각난다. 옛날 우공이란 노인이 살았는데 집 앞에 태항산과 왕옥산 때문에 산을 돌아다녀야 하는 불편함이 있었다. 우공은 산을 파서 발해라는 큰 바다에 흙을 버리기로 결심한다. 사람들은 쓸데없는 생각이라 비난했지만 우공은 "내가 하다가 죽으면 내 아들이 이어서 할 것이고, 내 아들이 죽으면 내 손자가 할 것이요. 대대손손 산을 옮기면 못 할 것도 없고!" 우공이 산을 열심히 파 옮기자 산신령은 전전긍긍하여 옥황상제에게 보고하였다. 옥황상제가 보고를 받고 가상히 여겨 힘센 아들에게 산을 옮기라고 지시하였다고 한다.

이곳 몬테네그로 멋진 풍광과 종교의 믿음이 오랜 세월 동안 만들어 낸 또 하나의 멋진 곳을 바라보며 이 전쟁의 바다에 암초처럼 자리 잡고있는 제국주의 위에 '평화의 돌'을 하나씩 둘씩 쌓아야겠다. 내가 먼저 돌을 주워다 정성들여 쌓으면, 내가 나이 들어 늙고 생명이 다해도 내 이웃들이 이어서 할 것이고 그들의 후손들이 계속 이어 갈 것이다. 마침내 전쟁을 설계하고 부추기고 연출하던 제국의 무덤 위에 '평화의 성전'이 지어질 것이다. 몇백 년이 걸리더라도!

우리가 짓고자 하는 '평화의 성전'은 온갖 고통과 부조리의 원천인 판문점, 우리 역사의 암초와 같이 언제든 평화를 향해 항해하는 배는 다 좌초시키고야 말았던, 역사의 질곡 판문점에 세워야 할 것이다.

남북평화 통일에 대해 깊은 사색 끝에 이 여행을 결심했다. 슬픈 현실이지만 남북의 엉킨 실타래를 남북의 지도자는 풀 수 없다. 그렇다고 바이든이나 푸틴이나 시진핑이 풀 수 있는 것도 아니다. 지금으로선 프란체스코 교황님이 제일 영향력을 발휘할 수 있다고 생각했다. 교황님이 판문점에서 크리스마스 미사를 집전하는 것 그 자체로 우리 통일 역사에 커다란 이정표가 될 것이다.

교황님이 판문점에서 미사를 집전하시면 우리나라 천주교 교도만

어림잡아 백만은 모일 것이다. 세계시민들도 이 역사적인 순간에 같이 하고자 또 백만은 모여들 것이다. 교황님의 결심을 받아낸다면 나는 바로 BTS를 찾아갈 것이다. "교황님도 우리의 통일을 위하여 판문점에서 평화의 미사를 보신다는 데 너희들도 판문점에서 '평화 음악제'를 벌이는 것이 마땅하지 않겠냐?"아마도 거절하지 못할 것이다. 전 세계에서 그들의 역사적인 공연을 보러 또 백만은 모여들 것이다.

판문점에 3백만 '평화의 마음'이 모이면, 그 기운이 모이면, 아 아! 그것을 상상하는 것만으로 나는 가슴이 터질 것만 같다,

70 두브로브니크 성, 성은 평화를
지키지 못한다

두브로브니크는 7세기에 도시가 만들어져 라구사 공화국이 되어 이탈리아 베네치아와 경쟁했던 아드리아 해안 유일의 해상무역 도시국가였다. 9세기부터 발칸과 이탈리아의 무역 중심지로 부를 축적하여 금과 은의 수출항으로 번영을 구가했다.

언덕을 오르는 숲에서는 초록빛 신비와 생명력 그리고 야생화의 꽃향기가 홍등가를 지날 때 풍기는 진한 화장품 냄새처럼 정신을 몽롱하게 하였다. 생명은 활기차게 번식하여 하나는 둘이 되고, 둘은 여럿이 된다. 이런 곳에서는 요정이 뿅하고 나타나 나에게 느닷없는 기쁨을 선사할 것 같은 기대감이 충만하다. 비밀스러운 숲 정상에 오르자 쪽빛 바다 한편 바위산 위에 중세의 고색창연한 성곽도시가 장엄하게 내려다보인다. 아드리아해를 사이에 두고 이탈리아와 마주하고 있는 두브로브니크는 달마티아 해안 최남단에 있는 아드리아해의 대표적인 휴양도시이다.

빌어먹을 경찰이 나를 세우지 않았다면 나는 숲을 지나 중세의 한 도시 속으로 들어와 있는 환상의 시간을 더 오래 즐겼을 것이다. 로코코 풍의 무도복 대신 린닝복을 입은 유모치의 기사로 밤마다 세계를 다 섭렵한 이야기보따리를 안고 화려한 무도회를 기웃거리며 멋진 여인들의 야릇한 눈길을 즐기는 상상에 빠졌을 것이다.

크로아티아의 해안도로가 문제였다. 갓길이 없고 차량통행은 많고 차들은 고삐 풀린 황소처럼 난폭하게 달린다. 정말 위험한 길이다. 나는 농담 반 진담 반으로 "피 흘리는 독립운동은 겁이 많아서 못 하지만, 땀 흘려 하는 현대판 독립운동인 통일운동에 뛰어들었습니다."라고 떠벌여 왔지만 차들이 난폭하게 달리는 갓길 없는 도로는 총알이 날아다니는 전쟁터보다 어떤 때는 더 아찔한 순간들이 많았다.

어떤 운전자는 경적을 울리며 엄지손가락을 올리며 응원해주는 사람이 있는가 하면, 어떤 운전자는 신경질적으로 경적을 울린다. 신경질적으로 경적을 울린 어느 운전자가 신고했나보다. 경찰이 출동했다. 경찰이 출동하여 나에게 "이 길은 위험하고 자동차 전용도로이다."고 뻥을 친다. 이 길이 위험한 것은 맞지만 일반도로로 자동차 전용도로는 아니라고 응수했다. 자동차도 보행자도 자전거도 마차도 서로 양보하며 같이 이용하는 도로가 일반도로인 줄 내가 알고 있다고 대답했다. 사실 거친 산과 바다가 만나는 이 길을 넓히기란 만만한 일이 아니겠다 싶다.

그는 한참을 상관과 통화하더니 조금 있으면 자기 동료가 와서 나를 안전한 도로까지 호위 할 테니 기다리라고 했다. 얼마나 시간이 지났을까, 다른 경찰차가 오더니 조금 뒤에서 호위를 해주더니 샛길이 나오자 나를 산길로 가라고 한다.

나는 따질 수도 있었지만 공권력을 가진 사람하고 실랑이를 하는데 좋은 에너지를 낭비하고 싶지 않았다. 삶에도, 길 위에도 예상치 못한 함정을 만날 때가 있다. 함정인 줄 알면서도 무모하게 정면 돌파하고 싶을 때가 있다. 그래서 깨지고 넘어져도 그 길을 가고플 때가 있다. 그냥 10도 경사의 산길을 한참을 삥 둘러서 올랐다.

적막하고 한적한 길에는 오래된 옛 수도원을 찾는 순례객 한두 사람을 만날 수 있었을 뿐이다. 덕분에 환상은 깨지고 체력은 고갈되었고 시간은 많이 지체되었다. 산에 식당이 있을 리 없어서 배에서는 꼬르륵 소리가 요란하게 났다. 산 위에서 내려다 보이는 거대한 옛 성채는 신비감마저 자아내었다.

두브로브니크는 7세기에 도시가 만들어져 라구사 공화국이 되어

이탈리아 베네치아와 경쟁했던 아드리아 해안 유일의 해상무역 도시
국가였다. 9세기부터 발칸과 이탈리아의 무역 중심지로 부를 축적하
여 금과 은의 수출항으로 번영을 구가했다. 그래서일까 두브로브니
크에는 눈에 보이는 곳마다, 발길 닿는 곳마다 오래된 이야기가 담겨
있다. 내 일정이 역사기행도 아니요. 마음 편한 관광도 아니어서 성
안에 구경은 못 했지만 멀리서도 성안의 성 블라이세 성당이 보인다.

성 블라이세는 로마의 박해로 316년에 참수형을 받고 죽은 사람
이다. 그가 600년의 세월이 지난 10세기에 두브로브니크의 한 신부
의 꿈에 나타났다. 꿈에 한 베네치아의 대형선박이 두브로니크를 정
탐하러 위장하고 나타나는 사실을 알려줬다. 베네치아의 침략계획을
미리 안 두브로브니크 당국은 미리 대비하여 도시를 안전하게 지킬
수 있었다. 결국 성 브리이세는 도시의 수호성인으로 추앙받고 시가
지 중심부에 성 블라이세 성당이 로마네스크 양식으로 지어져서 그
를 기렸다.

해안가 낮은 바위 언덕에 커다란 돌을 정교하게 쌓은 성은 견고해
서 현대식 무기인 벙커버스터를 퍼 부어도 안 부서질 만큼 견고해 보
였다. 그러나 아무리 단단한 성이라도 주인이 안 바뀐 성은 없었다.
달에서도 보인다는 만리장성은 중화제국을 지키지도 못 했고 중국
백성들의 평화와 안녕을 지키지도 못했다. 만리장성은 만주족의 침
입도 몽골족의 침입도 막지 못 했다.

청나라가 중원을 차지하고 강희제 때 나라가 안정되자 지금의 건
설부 격인 공부(工部)의 장관이 만리장성이 많이 훼손됐으니 대대적

인 보수를 해야겠다고 건의하였다. 강희제의 답변은 시대가 아무리 바뀌어도 명답이었다.

"다시 수리할 필요는 없다. 진나라 이후 역대 왕조가 장성을 구축했지만 전쟁은 끝이 없었고 나라를 지키지도 못했다. 나라를 지키는 도리는 덕을 쌓고 백성을 편안케 하는 데 있을 뿐이다. 쓸데없는 공사로 공연히 문제를 일으킬 필요 없다."

나는 이 교훈을 바이든, 푸틴뿐 아니라 우리나라의 윤석열 정부에도 들려주고 싶다. 강희제는 장성을 보수하고 유지하기 위해 엄청난 국력을 낭비하고 백성들에게 노역의 고통과 과한 세금을 과하게 징수하여 민심을 잃으니 그 예산과 노력으로 백성들을 평안하게 하여 중국역사상 가장 강력한 제국을 건설하였다. 그렇다. 답은 성을 굳건히 쌓는 것이 아니다. 압도적인 화력으로 응징하는 것도 아니다. 상대방은 핵을 가졌다. 수소폭탄이다. 수소폭탄보다 압도적인 화력은 있지도 않고 있다고 해도 잘해야 공멸의 길이다.

말 폭탄을 여기저기 터트리고 다니지 말고 민심을 헤아려서 민심을 얻는 일에 주력했으면 한다. 민심이 천심이다.

71 전쟁은 게임의 논리로

제국주의 전쟁은 온갖 비열한 술수가 난무한다. 전쟁은 모든 것을 앗아간다. 생명
도 재산도 문화유산도 인류까지도. 전쟁은 우리 모두를 패배자로 만들뿐 아니라 양
쪽 모두를 더럽고 추하게 만들 뿐이다.

비가 일주일 넘게 계속 추적추적 내린다. 비바람이 얼굴을 때리며 파도가 몰려와 아드리아해는 컹컹 짖는 소리를 내며, 슬픈 역사의 조각들이 밀려온다. 세르비아와의 전쟁의 아픔, 이민족의 침입, 오랜 식민지 생활, 순교자들의 억울한 죽음이 주저리주저리 들려오는 듯하다. 약소민족으로 이리 차이고 저리 차이다 보니 2차 대전 때 살기 위해서 나치독일에 부역까지 하는 오욕의 역사도 뒤집어썼다.

그러나 아무리 약소국이라도 과거에 찬란한 역사나 영광의 기억이 없을 리 없다. 10세기말 베네치아의 총통 피에트로 오르세올로 2세가 크로아티아를 침공했다. 그는 크로아티아의 왕 스테판 드르지슬라프를 포로로 잡고 인질로 베네치아로 끌고 가려했다. 크로아티아의 왕은 베네치아의 총통이 체스가 수준급이라는 소리를 듣고 "전쟁은 내가 졌지만 체스는 나한테 안 될 것이요. 체스마저 나를 이기면 내가 인질로 베네치아로 가겠소!" 베네치아의 총통은 승부욕이 발동하여 체스 내기에 응했다. 만일 체스에서 이긴다면 석방해주는 조건이었다.

크로아티아 왕은 체스 내기에서 당당히 승리했고 베네치아 총통은 깨끗하게 패배를 인정하고 그를 석방해주었다. 훗날 이 승리를 기념하여 체스판의 무늬를 민족을 상징하는 체크무늬로 삼았다고 한다. 이 체크무늬는 이 이후로 크로아티아인들에게는 승리와 영광의 상징이 되었다. 그리하여 크로아티아의 국기 한가운데 당당히 체크무늬가 자리 잡고 있다. 체스로 승부를 가리는 일이라면 언제라도 자신 있다는 듯이.

베네치아의 총통 피에트로 오르세올로 2세는 비록 나쁜 야욕을 품고 남의 나라를 침공했어도 참 낭만적인 사람이었나 보다. 낭만시대 주먹들을 주제로 한 드라마 '야인 시대'가 생각난다. 그 시절 깡패도 여러 명이 한 명에게 몰매를 가하는 일은 저질스럽게 여겼다. 흉기를 사용하거나 치사한 방법으로 상대를 제압하려 들지 않았다. 정정당당하게 주먹으로 맞장뜨고 승패에 승복했다.

크로아티아의 국기를 보면서 우크라이나 전쟁을 생각한다. 충분히 막을 수 있는 전쟁이었다. 미국이 중국과의 헤게모니 쟁탈전을 앞두고 후방의 적성국인 러시아의 힘을 빼기 위해 같은 민족끼리 동족상잔을 부추긴 비열한 전쟁이다. 미국을 비롯한 유럽의 나토는 젤렌스키가 뭐 대단한 영웅처럼 치켜세우며 무기를 대주고 항전을 부추겼다. 우크라이나는 처음부터 민스크협정을 지킬 의사가 없었고 자국 내의 러시안 인종차별과 대량학살로 인하여 이미 내전 중에 있었다.

러시아 코앞에 나토의 군사기지가 들어오게 하며, 미국과 영국이 젤렌스키의 네오나치 아조프 민병대를 이용하여 전쟁을 유발시킨 것이다. 그들의 눈에는 우크라이나 국민들의 피와 울부짖음은 안중에도 없는 게다. 그러나 전쟁은 이미 승부가 결정 났다고 보아야 한다. 남의 나라에서 무기를 구걸해서 어떻게 세계 제2의 군사강국을 꺾는다는 말인가? 이 더럽고 비루한 전쟁은 하루빨리 끝내야 할 것이다.

젤렌스키는 무기를 구걸하러 이탈리아를 방문했고 바티칸도 방문하여 우크라이나 편을 들어달라고 요청했다. 교황님은 무기나 편들기보다는 "가장 연약하고 무고한 전쟁 희생자들을 위한 인류애의 몸짓이 필요하다."고 강조하면서 무기보다는 평화에 관련된 책을 한보따리 선물했다. 평화가 얼마나 소중한지 공부나 하라는 뜻일 것이다.

교황님은 오늘도 외친다. "우크라이나 평화를 열망하는 이들에게 귀 기울이십시오" 교황님은 우크라이나 분쟁에 러시아뿐 아니라 다른 나라들의 '제국의 이익이 얽혀있다.'고 정확히 꿰뚫어 보신다. 우크라이나 전쟁은 세계대전이며 이곳에 강대국들의 이해관계가 얽혀있다.

제국주의 전쟁은 온갖 비열한 술수가 난무한다. 전쟁은 모든 것을 앗아간다. 생명도 재산도 문화유산도 인류까지도. 전쟁은 우리 모두를 패배자로 만들뿐 아니라 양쪽 모두를 더럽고 추하게 만들 뿐이다. 그래서 게임의 논리로 우크라이나 문제나 대만문제, 한반도 문제를 풀었으면 좋겠다. 다 그렇지는 않지만 게임에는 페어플레이가 있다. 더럽고 추해지지도 않으면서 관전자에게 기쁨을 선사한다. 모두 승리자가 될 수도 있다.

오늘도 점심때 제때 식당을 못 찾아 먹이를 좇는 고양이처럼 눈을 동그랗게 뜨고 식당이 있을 만한 곳을 기웃거렸으나 식당은 나오지 않았다. 버스 정거장에는 의자가 놓여있다. 거기에 앉아서 아침에 숙소에서 커피포트로 삶은 계란과 빵으로 요기를 했다. 송영운 회장과 가야금 연주자 하소라 씨가 헝가리 출장길에 부다페스트에서 900km를 운전해서 내 약과 현금을 전달해 주러 오고 있으니 오늘 저녁은 영양보충을 할 수 있을 것 같다. 오랜만에 아름다운 밤이 될 것이다.

72 난 기필코 철조망을 넘을 거야

참 다행이야! 영화를 보면 항상 위급한 상황이 되면 귀인이 나타나잖아! 한국 시간
으로 오늘 아침 나를 응원해주기 위하여 조헌정 목사님과 김태원 씨가 출발했으니
오늘 저녁에 로마에 도착할 것이다.

아드리아 해안을 통한 손쉬운 교통으로 달마치아의 도시들은 산으로 막힌 육로보다는 해로를 통한 다른 나라들과의 접촉이 쉬운 이탈리아의 문화적 영향을 더 많이 받았다. 비가 그치니 5월 지중해 연안의 하늘은 눈이 부시게 푸르다. 아드리아 해안선을 타고 북으로 올라가는 길은 오른쪽으로는 험하고 장엄한 바위산이요, 왼쪽으로는 에메랄드빛 바다와 빨간 지붕의 집들이 옹기종기 모여 있는 마을이 저마다의 아름다움을 발산한다.

5월, 산의 야생화는 홍등가를 지날 때처럼 진한 향내를 뿌리면서 나그네의 마음을 유혹한다. 산도 아름답고 바다도 아름답지만 시선은 바다 쪽으로 더 간다. 코발트 빛 바다 위에 하얀 포말을 일으키며 유람선이 떠간다. 산은 시선을 막고, 바다는 시선을 열어주어 마음까지 탁 트이게 한다. 은빛 바다 비늘의 눈부신 평화가 가슴에서 일렁인다.

바다 쪽으로 간 시선은 어느덧 휴전선으로 단숨에 달려간다. 아드리아 해의 아름다운 해안가를 달리며 시선은 휴전선으로 멍하니 달려간다. 그러나 언제나 휴전선을 바라보는 시선은 가시철조망에 찔려 피가 난다. 피눈물이 난다. 눈에 피가 난다고 외면하고 가슴에 총탄이 날아온다고 넘지 못할 휴전선이 아니다. 가시철조망을 제거하는 일은 민족의 능력을 복원하는 일이요 자존심을 바로 세우는 일이다. 맨발로 가시철조망을 밟고 넘는 것이 미국, 중국, 러시아, 일본과 어깨를 나란히 하는 일이다.

난 기필코 철조망을 넘을 거야

난 기필코 철조망을 넘을 거야
맨 발로 가시철조망을 밟아 넘고 말거야
발에서 피가 나고 뒤꿈치가 헤어져도
할머니 마음도 아버지 마음도 이젠 내 마음도
대동 강가 어느 곳에 서성이고 있어

한 번도 가 본 적은 없지만 그곳은 내 고향이거든
내가 이렇게 지구 구석구석 헤매고 다녀도
고향에 못 가본다면
난 아무데도 안 가본 거나 마찬가지야
웃기는 일이지만 말이야
내가 고향에 가는 일은
역사를 바꾸는 일이거든
절망을 희망으로 바꾸는 일이거든

난 기필코 철조망을 넘을 거야
철조망이 아무리 견고해 보여도
바람도 넘나들고 새들도 넘나들잖아
내가 넘고 나면
거기에 길이 생길 거야!
아직도 가시철조망이 저기에 버티고 있는 것은
내 첫발자국의 붉은 피가 필요한 거야!

그동안 발칸반도의 험한 산악지대를 손수레를 밀며 오르락내리락
해서 무리가 왔는지 허리에 통증이 심하게 왔다. 아침에 숙소에서 출
발하려고 짐을 손수레에 넣고 나니 주인이 좋아 나와 사진 한 장 찍
자고 해서 포즈를 취하고 출발하려는데 그동안 조금씩 아프던 허리
가 심하게 통증이 와서 허리를 펼 수가 없었다. 주인이 괜찮으냐고
물어봐 괜찮다고 대답하고도 한참 허리를 못 펴고 고통스러워하자
집에 들어가 진통제를 꺼내다 주었다. 진통제를 먹고 웬만한 것 같아
출발했다.

15km나 왔을까 허리에 통증이 다시 시작하니 갑자기 겁이 났다.
갓길도 없이 차들이 쌩쌩 달리는 길에 쓰러져서 일어나지 못한다면!
마침 파코스테인이라는 마을을 지날 때였다. 바로 민박집이 보여서
들어갔다. 안주인이 나와 나를 맞았다. 미소가 하늘빛처럼 밝은 여자
였다.

2층 방에 짐을 들고 올라가는데 허리가 휘청거린다. 안주인이 괜
찮으냐고 물어보더니 내 짐을 뺏어 들었다. 바다가 내려다보이는 전
망 좋은 집이었다. 짐을 내려놓고 샤워를 하면서 발을 씻으려하니 손
이 발에 닿지를 않는다. 몇 번 시도하다가 발 씻는 것을 포기하고 상
체를 세우는데 허리가 안 펴진다. 고통 속에서 수도꼭지를 잡고 한참
동안 녹슨 나사를 풀 듯이 간신히 몸을 일으켜 세웠다. 그 자리에서
몸을 침대에 눕혔다.

참 다행이야! 영화를 보면 항상 위급한 상황에 귀인이 나타나잖
아! 한국 시간으로 오늘 아침 나를 응원해주기 위하여 조헌정 목사님

과 김태원 씨가 출발했으니 오늘 저녁에 로마에 도착할 것이다. 하룻밤을 자고 출발하더라도 내일 저녁 늦게는 도착할 것이다. 아플 때 혼자가 아니라는 믿음은 무너져가는 정신력을 일으켜 세워주었다. 여기서 하루 편안히 쉬면서 그들이 오면 병원에 가든지 함께 의논해서 결정하면 될 일이었다.

밤을 새워 13시간에 걸쳐 칠십세의 조 목사님이 운전하시고 오셨다. 나는 감사와 기쁨의 포옹을 했다. 민박집 주인도 한국에서 온 손님을 반기며 집에서 담근 와인이라며 와인 한 병을 지하 오크통에서 따라주었다. 바다가 내려다보이는 발코니에서 건배하며 지나온 과정을 이야기하였다. 나는 내일까지 쉬고 모레 출발할 예정이었으나 목사님이 여기는 경치도 좋고하니 아예 이틀 더 쉬면서 건강을 먼저 추스르라고 하셔서 못 이기는 척 따르기로 했다. 소진됐던 기력을 잘 회복하고 출발할 것이다.

나는 꼭 철조망을 넘어야 하니까!

73 유럽의 화약고 발칸반도

발칸반도는 지리적으로 동양과 서양이 만나는 중간지점이다. 발칸반도는 유럽과 아
시아 대륙을 연결하는 전략적 요충지였으며 유럽의 관문으로 불려왔다. 다양한 민
족과 종교와 문화가 공존하는 지역이다.

크로아티아 해안도로를 따라 절룩거리며 달리면서 이 청청한 바다가 피로 물들어졌었다니, 이렇게 친절한 사람들이 인종 학살을 벌였다니 도무지 이해가 가지 않았다. 이렇게 좋은 지중해의 햇살을 받아 자라난 포도로 만든 와인을 마시는 사람들이 어떻게, 어떻게 그 끔찍한 일을 벌였다는 말이냐?

발칸반도는 지리적으로 동양과 서양이 만나는 중간지점이다. 발칸반도는 유럽과 아시아 대륙을 연결하는 전략적 요충지였으며 유럽의 관문으로 불려왔다.

다양한 민족과 종교와 문화가 공존하는 지역이다. 유럽 쪽에서는 가톨릭이, 러시아 쪽에서는 정교회가, 아시아 쪽에서는 이슬람이 서로 영향력을 확대하면서 격돌하게 되는 주 무대였다. 범슬라브주의와 범게르만주의가 맞붙은 곳이기도 하다. 역사적으로 이런 장소는 엄청난 비극이 반복되었다.

그래서 오스만 제국, 오스트리아-헝가리 제국에게 수백 년간 수난의 역사를 겪었다. 또 제1차 세계대전을 유발시킨 사라예보사건이 일어난 곳으로 세계의 화약고이다. 오스트리아는 세르비아를 두들겨 패고, 러시아는 세르비아를 도왔다. 세르비아와 러시아의 친분관계는 범슬라브주의를 넘어선 돈독한 관계가 있었다. 오스만 튀르크를 발칸에서 몰아내는데 도움을 준 건 러시아였고 세르비아는 이를 잊지 않았다. 발칸에 러시아 동맹이 있다는 것은 당시 유럽의 입장에서는 여간 불편한 것이 아니었다.

그것은 지금의 미국 입장도 마찬가지이다. 미국이 보스니아 전쟁을 설계하고 지원했다는 것은 비밀도 아니다. 결국 보스니아 전쟁도 세르비아란 눈엣가시를 혼내주기 위한 무슬림 대리전이었다. 여기에도 어김없이 가짜 깃발이 나부꼈고 서방언론은 가짜뉴스를 쏟아냈다. 이런 것들은 멀쩡한 사람을 병신 만들기는 식은 죽 먹기였다.

이곳에서 세르비아-불가리아 전쟁, 러시아-튀르크 전쟁, 발칸 전쟁(1912년~1913년) 등이 일어났으며, 1차 대전이 끝나기 무섭게 그리스-터키 전쟁이 터졌다. 1차 세계대전이 끝난 이후 독립 국가를 선포했던 세르비아와 당시 오스트리아 헝가리 제국의 지배를 받던 슬로베니아, 크로아티아는 개별적인 국가를 건설하기 힘들어 세르비아와 연합해서 연합 국가를 구성하게 되었다.

그러나 2차 세계대전 당시 독일 나치의 침공으로 결국 유고슬라비아 왕국은 멸망하고 갈라지게 된다.

그러던 중에 크로아티아는 나치의 지원을 받아 독립 국가를 세우게 되는데 이때부터 유고슬라비아 지역에서 크로아티아인들에 의해 첫 번째 인종청소가 자행된다. 제2차 세계대전 중에는 나치 독일의 지원을 받은 크로아티아 파시스트 정권의 히틀러도 경악해서 만류할 정도로 세르비아인 학살을 저질러서 충격을 주기도 했다.

그중에서도 야세노바츠 수용소라는 곳에서 자행된 학살은 4년간 이곳에서 약 10만 명에서 75만 명이 학살당했을 것으로 추측된다. 이는 50년 뒤 일어날 유고내전에서 세르비아가 크로아티아에게 잔혹하게 보복하는 일로 이어진다.

제2차 세계대전이 종전된 후, 파르티잔을 이끌던 티토는 1945년 세르비아, 슬로베니아, 몬테네그로, 크로아티아, 마케도니아, 보스니아 헤르체고비나 6개 공화국을 통합한 '유고슬라비아 인민 연방 공화국'을 선포하고 유고슬라비아를 재건했다. 하지만 정치 종교 사회 문화 모든 것들이 다르다 보니 계속해서 갈등이 생겼다.

티토 사후 유고슬라비아에 금이 가기가 무섭게 바로 내전에 돌입했다. 이때 세르비아의 민족주의를 불러일으키며 등장한 인물이 밀로셰비치라는 인물이었는데, 이 사람이 나중에 발칸의 도살자라는 명칭을 얻게 된다. 밀로셰비치는 세르비아가 주도하는 유고슬라비아 연방을 목표로 했다. 이에 반발해서 연방에 속해있던 슬로베니아와 크로아티아가 독립을 선언한다.

결국 2번째 유고 내전이 발발하게 된다. 이때 세르비아에서는 슬로베니아부터 공격하지만 거리도 멀고 국제 여론 등으로 인해 결국 슬로베니아를 독립시켜주게 된다.

하지만 크로아티아의 경우에는 달랐다. 크로아티아에는 세르비아인들이 약 60만 명이 살고 있었고 만일 크로아티아가 독립을 하게 된다면 2차 세계대전 당시 안테 파벨리치가 자행했던 인종청소가 다시 되풀이될 수 있다는 두려움 생기게 되었다.

세르비아는 크로아티아에 있던 세르비아 민병대와 유고 연방군과 같이 크로아티아를 공격하였다. 하지만 병원에 있던 환자들을 모두 끌어내 농장 창고로 끌고 가 집단폭행 후 총살을 시켜 죽이는 사건이 발생하고, 유적지 두브로브니크가 유고연방에 의해 폭격을 당하자 국제 여론이 급격히 세르비아에 비판적으로 바뀌었다.

보스니아는 다양한 민족과 종교가 섞여 있는 곳으로 유럽 내에서도 독특한 문화를 가지고 있는 곳이기 때문에 유고 내전 중에서 가장 많은 인종 청소가 자행되었던 곳이었다. 세르비아인들은 보스니아 내에서 다른 민족의 사람들을 몰아내고 스르프스카 공화국이라는 자치 국가를 세웠다. 보스니아에서 가장 큰 도시였던 사라예보를 두고 유고 연방군이 포위를 해 군인이 아닌 일반인들에게까지 총격을 가했고 무려 4년 동안 사망자 수만 13,000명 정도였다.

이렇게 세르비아, 슬로베니아, 크로아티아, 보스니아-헤르체코비아, 몬테네그로, 마케도니아 6개국과 보이보디나 와 코소보 두 개의 자치구로 분열되었다. 이 지역은 1990년대 내내 전란으로 고생해야 했다. 특히 크로아티아-보스니아-세르비아 3국간의 갈등의 골은 깊다.

코소보는 잠재적인 위험한 화약고이다. 세르비아인들에게 외침에 대한 항전의 성지이다. 오스만 제국의 지배를 받기 시작하면서 세르비아인들은 현재 세르비아 북부인 보이보디나 지역과 크로아티아, 헝가리 등지로 이주를 하게 되고 코소보 지역은 오스만 제국의 장려로 무슬림계 알바니아인들이 이주하기 시작해서 거주인의 90% 이상이 알바니아계 무슬림이 되면서 코소보 사태가 발생한 원인이 되었으며, 지금까지 분쟁이 지속되고 있는 것이다.

모든 전쟁이 그렇듯이 어제까지 잘 어울려 살았던 사람들이 편을 갈라 서로의 가슴에 총을 겨누고, 학살하고, 파괴했다. 승자도 없고 패자도 없이 참혹함과 가슴의 피멍만이 남았다. 그런 전쟁을 언제까지 계속할 것인가? 전쟁을 일으키는 모든 명분은 허황되고, 야만적이며 구역질나는 것일 뿐이다. 암울한 전쟁과 대결의 역사를 또다시 되풀이하지 않고 새로운 평화의 역사를 열어가기 위하여 인간은 마땅히 서로 사랑하며 보듬어 안아야 하겠다.

이탈리아

74 평화의 길

모든 길이 로마로 통했다. 한때는 그런 시대가 있었다. 찬란했던 로마제국의 영광을 한마디로 응축한 말이다. 아피아 가도는 로마의 길의 시원이다. 기원전 312년에 건설하기 시작하여 244년 완공한 남동부의의 브린디시까지 이어지는 장장 563km인 이 도로는 사각형의 박석으로 깔려있다.

모든 길이 로마로 통했다. 한때는 그런 시대가 있었다. 찬란했던 로마제국의 영광을 한마디로 응축한 말이다. 아피아 가도는 로마의 길의 시원이다. 기원전 312년에 건설하기 시작하여 244년 완공한 남동부의 브린디시까지 이어지는 장장 563km인 이 도로는 사각형의 박석으로 깔려있다. 이 길을 통해 로마의 번영이 뻗어나갔다. 이후 군사, 산업용으로 활용하기 위해 장기 계획 아래 로마의 도시들이 촘촘히 연결되었다.

고대 로마의 영향이 오늘날까지 이어지고 있는 것은 현대에도 의의를 갖는 문명사적 성취가 있기 때문이다. 그 핵심의 하나가 바로 '길'이다. 로마는 '길의 나라'이며, 로마제국은 '길의 제국'이었다. 로마의 길의 문명은 지금까지도 명맥이 이어져 내려올 정도로 서양문화의 근간이라고 해도 틀림이 없을 것이다. 가도는 예전의 고속도로이다. 고속도로는 자국 군대가 빠르게 이동할 수 있는 만큼 적들도 빠르게 침공해 들어올 수 있었다. 그러니 양날의 검인 셈이었다.

길은 자신감의 발로로 번영의 시작이다. 성(城)은 불안감의 발로이다. 로마의 도로는 로마에 천 년의 평화를 가져다주었다. 실크로드 역시 중국에 부와 번영을 구가하게 만들어주었다. 그러나 명나라 이후 오랜 봉쇄정책으로 중국은 우물 안 개구리가 되어버렸다. 명이 해금정책(海禁政策)을 고집하는 동안 해상실크로드의 주도권은 서양이 독차지하게 되었다. 또한 중국의 만리장성은 평화를 지켜주지 못했다. 중국의 왕조는 고작해야 2백 년을 넘지 못했다.

만년설 같았던 북극의 얼음이 지구 온난화로 녹아내리고 있다. 이로 인해 균형을 이루고 있던 대륙의 판들이 움직이며 지진과 화산 폭발 등 재앙이 일어나고 있다. 지금 세계는 서구가 만들어낸 만년설 같은 질서가 녹아내리기기 시작하는 걸 볼 수 있다. 미국이 힘을 잃으면서 균형을 이루고 있던 세계질서는 연쇄작용이 일어나고 있다. 미국이 건국 초기 '평등에 기초한 민주주의와 인권의 가치'에 충실할 때는 많은 나라가 자발적으로 미국을 추종해왔지만 미국은 어느 순간 이 소중한 가치를 버리고 '금융'과 '군사적 힘'의 가치에 무게 중심을 옮기는 순간 미국은 위험한 나라로 변질되어 갔다.

크로아티아에서 이탈리아로 넘어오는 길은 한 50km 정도를 슬로베니아를 거쳐야 했다. 나는 슬로베니아에서 하룻밤을 자고 다음 날 이탈리아로 넘어오려고 했다. 그러나 이탈리아의 연휴기간이라 방값은 터무니없이 비쌌고 그나마 빈방을 얻지 못해서 이탈리아 국경을 넘어왔지만 사정은 달라지지 않았다. 국경의 첫 도시 트리에스타의 호텔과 민박집을 싹 뒤졌지만 몸에 피곤만 몰고 올 뿐 숙소를 구하지 못해 어디에서 차박을 하려고 돌아다니다 운 좋게 호텔 방 하나를 구했다.

어둠이 내리는 어느 골목에 있는 성당, 그 성당 앞에 서 있는 성모 마리아상, 이탈리아에서는 성모 마리아를 마돈나라고 부른다. 두 손을 모은 마돈나의 눈이 조금 남은 석양빛에 붉게 충혈되어 보인다. 어떤 손길로도 위로받을 수 없는 슬픈 모습이다. 문득 전쟁에 자식을 잃은 모든 어머니의 눈동자가 저렇지 않을까 생각했다.

어디 전쟁으로 자식을 잃은 부모들뿐이겠나? 세월호 참사로 어린 자식의 싸늘한 시신을 품에 안아야 했던 부모의 피눈물 나는 눈동자와 이태원 사건으로 자식을 잃었는데 왜 죽어야 했는지 진상조차 밝히지 않고 누구 하나 책임지는 사람이 없는 현실의 아픔을 생각한다. 베트남의 빈딘성에서 한국으로 유학 왔다가 이태원에서 희생된 딘 띠 뚜이엔의 어머니의 더 이상 흐를 눈물마저 말라버린 충혈 된 눈동자가 생각난다.

부당한 특권을 유지하기 위하여 중국과 러시아를 봉쇄하고 압박을 하려고 애쓰는 미국과 서구의 노력은 애처롭기만 하다. 미국은 서구의 지배력을 강화하기 위해 승자와 패자를 함께 품었다. 물론 말 잘 듣는 그들에게 일정 부분 지분을 나누어주면서 말이다. 미국은 추축국이던 일본, 독일, 이탈리아를 전쟁 중에 맘껏 때려 부숴 말 잘 듣는 순한 양을 만들어버렸다. 연합국이던 영국, 프랑스, 캐나다도 미국의 독점적 지위를 넘볼 수 없게 되었다.

미국은 2차 세계대전이 끝난 후 1945년에는 세계 경제의 50%를 생산하고 소비하는 Pax Americana의 시대를 활짝 열었다. 그렇게 그들은 G7이 되었다. 그들은 한동안 도전받지 않고 세계를 지배해 왔고 그들이 만든 규범이나 규칙이 마치 진리인 것처럼 주장해왔다. G7이 만들어지던 당시 이들 7개 나라는 1인당 국민소득이 가장 높은 7개 나라였다.

지금은 미국만이 순위에 있을 뿐 룩셈부르크, 아일랜드, 노르웨이, 스위스, 싱가포르, 카타르가 자리에 들어가야 맞다. 경제 규모로는 중국, 인도를 빼고 세계 경제를 말할 수 없는 처지에 놓였다. 그럼에도 아직도 그들은 스스로 G7라 칭하며 자기들끼리 모여서 자기들

입맛에 맞는 질서를 생산해서는 그 길을 따르라고 강요하고 있다. 이들은 이 길을 따르지 않으면 전쟁도 불사한다. 직접 타격을 하기도 하지만 이간책을 사용하여 자기들끼리 싸우게 한다.

G7에 반발하여 나타난 것이 브릭스이다. 브릭스는 영토와 시장이 큰 미래 국가들로서 브라질, 러시아, 인도, 중국을 묶어서 부르던 호칭이다. G7은 세계 인구의 10%에 불과하지만, 브릭스는 세계 인구의 40%나 차지한다. 여기에 최근 거침없는 행보를 보이는 사우디아라비아를 비롯하여 이란, 남아공 등이 참여하면 미국이 주도하는 빌어먹을 변질한 민주주의와 자본주의 가치에 기초한 질서는 만년설 녹듯이 녹아 버릴 것이다.

브릭스는 2차 세계대전 이후 확립된 세계금융 체제, 즉 달러화에 뿌리를 둔 주요 7개국 중심의 세계질서에 반대한다. 이들은 서방의 일방적인 주도를 거부하고 다극화 확립에 공감대를 갖는다.

미국은 뒤늦은 후회를 한 다음 건국 초기의 '평등에 기초한 민주주의와 인권의 가치'로 회귀 할 것이다. 나의 발걸음은 미국이 더 이상 만신창이가 되기 전에 진정한 미국의 가치로 회귀하기를 처절히 바라는 진오기굿이다. 그렇게 되면 세계는 유례없는 평화의 세기를 만끽하게 될 것이다. 나는 진심으로 그러한 미국의 가치가 미래로 이어지길 바란다. 그것은 미래에도 의의를 갖는 문명사적 성취가 되기 때문이다.

미국의 길이 '평화의 길'이 되어서 모든 길은 미국으로 통하길 바라면서!

75 고려의 베니스의 개성상인

과거에 베네치아는 갯벌과 섬으로 고립되었던 도시국가였다. 아드리아 해에 떠있는 118개의 섬이 수많은 운하와 다리로 연결된 물의 도시이다. 본국의 간섭을 받지 않아 신흥 상인들이 활동하기에 좋았다.

나는 베네치아를 연결하는 다리를 타고 갯벌을 지나 베네치아에 도착하자 파란 하늘에 흰 구름이 유난히 높이 떠 있다고 생각했다. 갯벌은 낮아서 물이 황새들 발목도 안 차게 찰랑거린다. 베네치아는 한때 세계 최고의 무역항이었다. 높이 떠 있는 흰 구름을 따라 내 생각은 세계가 우리를 부르는 이름인 코리아(Korea)를 알리기 시작한 고려의 수도 개성 앞 12㎞ 떨어진 예성강변의 항구도시 벽란도로 단숨에 달려간다. 예성강은 수심이 깊어 선박 운항이 자유로운 국제 무역항이었다.

강화 교동도에 가면 바로 앞에 바라보이는 개성의 관문이다. 아버지의 고향은 거기서 지척인 송림이다. 교동도에서 사회운동을 하시는 김영애 선생님이 스위스에서 열리는 국제회의에 참석차 오는 길에 이곳까지 강화도 순무김치를 싸 와서 내게 힘을 실어주었다. 마트에 가서 삼겹살을 사서 숙소에서 창문을 활짝 열어놓고 구워 먹는 맛이 최고이다.

한 푼을 벌기 위하여 천릿길도 마다하지 않고 길을 떠났다는 개성 상인이 수많은 아라비아 상인이 들려주는 백 배, 천 배의 이문을 남긴다는 소리를 듣고 베네치아행을 하지 않았을까? 아라비아와 페르시아, 중국, 동남아 유럽의 상인들이 드나들던 벽란도에서 개성상인도 자연스럽게 그 유명한 고려청자와 비단, 고려인삼을 바리바리 챙겨서 큰 선단을 꾸려서 아라비아 상인들이 들려주는 꿈같은 이야기를 좇아 기꺼이 온갖 위험을 감수하고 먼 여행길에 나섰을 것이다. 다만 전해져 오는 기록이 다 지워졌을 뿐일 것이다.

개성상인이 누구이던가? 서양인보다 2백 년 전에 복식부기로 재산을 관리하던 사람들이다. 그런 사람들의 피가 오늘날 자원 하나 없는 가난한 나라를 무역으로 세계인들과 어깨를 나란히 하는 나라를 만든 것이 아닐까?

오래전 읽었던 소설이 떠오른다. 지워진 역사의 희미한 기록을 찾아서 상상력을 더하여 소설가 오세영은 '베니스의 개성상인'을 탄생시켰다. 안토니오 코레아는 임진왜란 때 일본으로 잡혀가 베네치아에 정착하며 거상이 되었다는 줄거리이다. 바로크 미술의 거장 루벤스가 그린 소묘 한 점 속의 인물이 누가 보아도 아시아 사람의 얼굴이고 그가 입은 복식이 조선시대의 무관의 복장인 철익(天翼)으로 추정된다.

한복을 입은 남자의 입가에 진 미소는 여유로움이 절로 느껴지는 작품이다. 이 작품의 모델이 누구인지는 알 수 없다. 루벤스가 생존할 당시인 1600년경 이탈리아에 건너간 한국인 중의 하나인 안토니오 코레아라는 사람이 있었다. 그는 임진왜란 때 포로로 일본에 끌려갔다가 카를레티라는 이탈리아 신부에게 팔려간 안토니오 코레아로 상상의 나래를 펴는 것은 어찌 보면 당연하다. 거기에다 사실 여부와 상관없이 이탈리아 남부에 알비라는 작은 마을에 코레아라는 성을 가진 사람들이 모여 사는 집성촌이 있다고 한다.

카를레티가 남긴 회고록에는 "조선의 해안에서 헤아릴 수 없이 많은 남녀노소가 노예로 끌려왔다. 그들은 헐값에 매매되고 있었다. 나도 12스쿠디를 주고 5명을 샀다. 그리고 세례를 준 다음 그들을 데리고 가서 자유롭게 풀어주었다. 그들 가운데 한 사람을 플로렌스로 데리고 왔다. 그는 이제 안토니오 코레아라는 이름으로 살아가고 있다."

과거에 베네치아는 갯벌과 섬으로 고립되었던 도시국가였다. 아드리아해에 떠 있는 118개의 섬이 수많은 운하와 다리로 연결된 물의 도시이다. 본국의 간섭을 받지 않아 신흥 상인들이 활동하기에 좋았다. 예나 지금이나 상인들은 정부의 규제가 없으면 날개를 활짝 펼친다. 베네치아로 자본은 몰리고 이들은 해외무역에 전념할 수 있었다. 거기다 십자군 원정 때 약탈해 온 보물들이 가득 찼다. 이런 보물들은 '산타루치아'의 선율을 타고 지중해의 햇살을 받으며 부르는 것이 값이 되었다.

베네치아는 한때 서양의 자본이 이곳으로 몰려들어 문화를 꽃피웠던 곳이다. 자본이 몰려들자 피렌체의 가죽 장인, 피렌체 베키오의 귀금속 장인, 유리공예 장인이 몰려들었다. 과거의 영광을 잃고 '아름답고 고풍스런 유럽의 박물관'으로 전락했지만 모든 이들이 한번쯤 가보고 싶어 하는 곳이다. '셰익스피어가 모든 문학가 가운데 우월하다면 베네치아는 모든 도시 가운데 우월하다'라고들 베네치아의 아름다움을 찬양한다.

벽란도는 오래전부터 개성-베이징-시안- 타슈켄트-아라비아-로마를 잇는 육상실크로드의 출발지이자 부산포-나가사키-마닐라-호이안-말라카-케이프타운-로마를 잇는 해상실크로드의 출발지였다. 당대 동북아 최고의 허브 항이었다. 인도와 아라비아로 빈번하게 무역선이 오가며 아라비아 상인들을 통해 도자기와 비단 차가 지중해로 수출되었다.

베네치아의 푸른 바다를 보면서 4백여 년 전에 펼쳐졌을 안토니오 코레아의 삶과 도전을 생각한다. 전쟁에서 무참히 패하고 포로로 끌려가 노예로 팔렸다가 기독교에 귀화하고 지구의 반대편으로 온갖 역경을 이겨내고 상인으로 성공하여 이국인들의 인정과 존경을 받았다. 또 흔적은 지워져서 알 수는 없지만 벽란도에서 일확천금을 꿈꾸며 고려청자나 비단과 홍삼을 모아 선단을 꾸며 베네치아로 떠나왔을 개성상인을 생각한다.

자기 자신을 믿는 진정한 도전정신의 개성상인! 그 피가 내게도 넘실거려 반신불수의 몸을 이끌고 조그만 통일의 불씨라고 일구어보려고 이렇게 길을 나선 것이 아닐까?

76 축제의 노래

해발 7백여 미터의 산 정상에 있는 동화 같은 건국 이야기를 품고 중세의 향기 가
득한 초 소국이다. 멀리서부터 병풍처럼 펼쳐진 티타노 산 정상에 3개의 요새가
아직도 기품을 잃지 않고 서있는 게 보인다.

아침에 일어나 달리며 아드리아해 연안의 햇볕의 따스함과 은은하게 부는 바닷바람을 온몸의 세포로 은은하게 느끼면서 시작하는 이 새로운 날을 사은님께 감사드린다. 오늘은 정말 좋을 것이고 새 희망이 마음속에서 뭉게구름처럼 피워 오를 것이다. 하늘이 맑고 깨끗하니 태양이 더욱 더 빛난다. 호흡이 거칠어지고 정신이 약간 몽롱해지면서 대자연과 합일을 이룬다. 언덕을 힘겹게 오르면서도 마음은 가벼워 콧노래가 절로 나온다. '오 솔레미오!'

"태양이 빛나는 날이 얼마나 아름다운가
폭풍이 지난 후의 하늘은 고요하지요!
신선한 분위기, 파티는 이미 시작되었죠
태양이 빛나는 날이 얼마나 아름다운가
또 하나의 태양 더욱 아름답죠.
그건 나만의 태양
당신의 얼굴에 가득찬
태양, 나만의 태양"

라벤나, 리미니를 지나 세계에서 가장 오래된 공화국이자 세 번째로 작은 나라인 산마리노 공화국을 향하여 출발하였다. 올라가는 길목의 마을 게시판에 우리의 춘향전 판소리 공연 벽보가 있어 그만 반가워 발걸음을 멈추었다.

해발 7백여 미터의 산 정상에 있는 동화 같은 건국 이야기를 품고 있는 중세의 향기 가득한 초 소국이다. 멀리서부터 병풍처럼 펼쳐진 티타노 산 정상에 3개의 요새가 아직도 기품을 잃지 않고 서있는 게 보인다. 티타노 산이라는 산꼭대기에 자리 잡고 있는데다가 3중 성벽으로 둘러싸여 외부로부터의 침략에 대해 방어가 용이하여 1700년이라는 긴 세월 동안 나라를 지켜올 수 있었던 것 같다.

301년에 성 마리누스가 기독교 박해를 피해 세운 나라라는 전설이 있다. 크로아티아 달마티아 지방 출신인 마리누스는 당시 로마제국 황제의 기독교 박해를 피해 이곳에서 기독교 신앙 공동체를 만들었고 그것이 나중에 발전하여 현재의 산마리노가 되었다고 한다. 산마리노에서는 매해 9월 3일을 공화국 설립 기념일로 경축하고 있다. 이태리 속의 다른 나라 산 마리노 공화국이다.

그 당시 크로아티아의 달마티아는 로마제국 영토의 일부였고 기독교가 공인되기 이전이어서 심한 박해를 받았다. 마리노는 디오클레티아누스 황제의 그리스도교 박해를 피해 아드리아 해를 사이에 두고 마주하고 있는 이탈리아의 리미니로 건너갔다. 그곳에서 리미니 성채를 재건한다는 소문을 듣고 다른 석공 레오와 함께 티타노 산에 있는 채석장에 가서 석공으로 일했다.

채석장에서 일하는 이들 중에는 그리스도인이라는 이유만으로 노예가 되어 중노동을 하는 이들이 섞여 있었다. 성 마리노와 레오는 일하는 중에 틈틈이 그들을 위로하고 격려하는 한편, 비신자 석공들에게도 복음을 전했다. 그의 명성이 널리 알려지면서 신도들이 많이 찾아오면서 성당을 짓고 수도원을 세웠다. 이렇게 301년경 종교적 박해를 피해 티타노 산에 은신해 살면서 신앙공동체를 만든 것이 산마리노 공화국의 시초이다.

유럽에는 극소국가로 알려진 나라가 여섯 개의 나라가 있다. 리히텐수타인, 산마리노, 모나코, 안도라, 몰타, 바티칸 시국이다. 대부분 웬만한 도시보다도 작다. 이 작은 나라들이 어떻게 강한 이웃나라 사이에서 명맥을 유지하며 주권을 유지했을까? 산마리노는 작은 크기에도 불구하고 많은 외침을 당했음에도 한 번도 정복당하지 않은 세계에서 가장 오래된 공화국이다. 자그마치 천칠백여 년을 유지한 나라가 또 있을까?

올라가 보니 오래된 성채에는 실제 거주자들이 살았다. 국가 유적으로 보호만 하는 것이 아니라 두꺼운 성채에 아직도 사람이 살면서 조상들의 찬란한 유산을 지킨다는 것이 놀라웠다.

우리나라에 K-팝이 있다면 이탈리아에는 칸초네가 있다. 60-70년대에 우리의 심금을 울렸던 이탈리아인 특유의 낭만과 정열의 서정시 칸초네가 있다. 아름다운 선율에 가사도 아시아적인 애수에 어린 곡들이 많아 한때 국내의 팬들이 많았다. 나도 그중의 한 사람이었다.

폼페이는 화산 폭발로 사라졌지만, 오늘날 세계 3대 미항 중의 하나로 나폴리라는 새로운 이름으로 사람들의 사랑을 받는다. 나폴리는 칸초네의 발생지이기도 하다. 칸초네는 예로부터 각지에 전해 내려온 향토색 짙은 민요나 일류 작곡가에 의한 격조 높은 가곡 등 많은 종류의 음악이 있는데 그중에서도 나폴리 민요로 알려진 나폴리의 칸초네(나폴레타나)는 독자적인 장르를 형성하고 있다. 나폴리의 어부들이 부르던 노래로 14세기부터 시작되었다고 알려져 있다. 오 솔레 미오, 산타 루치아, 돌아오라 쏘렌토 등 주옥같은 노래들이 있다.

산레모 가요제는 한때 칸초네의 산실이었다. 산레모가 배출한 대표적인 가수가 바로 칸초네 여왕 '밀바'이다. 감성의 목소리로 1960~70년대 범세계적 인기를 누리며 칸초네를 세계에 널리 알린 가수이다. '서글픈 사랑, 눈물 속에 피는 꽃, 축제의 노래, 지중해의 장미' 등 무수한 히트곡을 남겼는데 나는 그중에서도 트윈롤리오가 번안해서 부른 '축제의 노래'를 즐겨 부른다.

어느 좋은날 대동강 강가에서 우리 북녘 동포들과 함께 어깨춤을 추며 '축제의 노래'를 멋들어지게 부르는 날이 왔으면 좋겠다.

77 명품 평화 통일

마라톤에도 특수 상대성 이론이 적용된다. 운동하는 물체는 정지한 물체에 비해 밀도가 높고 운동하는 물체는 시간이 천천히 흐른다는 이론이다. 그러니 흐르는 강물은 세월의 주름살을 절대 허용하지 않는다.

내 발걸음은 우리나라의 태백산맥과 같이 이탈리아의 척추 역할을 하는 아펜니노 산맥을 넘으니 어느덧 장화 모양의 이탈리아 지도 가운데 부분을 통과하고 있었다. 이름 모를 산허리를 몇 굽이 돌았는지 셀 수가 없다. 다만 이마에 흐르는 땀의 양으로 미루어 계산할 뿐이다. 계곡에 흐르는 물도 얼마나 많은 굽이를 돌고 바다로 흘러들지 알 수가 없다. 언덕을 오르다 오래된 돌집 앞에 의자가 있어 쉬어갈 수 있었다. 안에서 청년이 나오더니 손수레에 꽂인 태극기를 보더니 자기는 한국을 좋아한다고 한다. 꼭 한국에 가보고 싶다고도 했다.

이탈리아의 매력은 과거와 현재가 오묘하게 조화를 이루면서 공존하는 데 있다. 몇백 년은 되었을만한 웅장하지만 별로 아름답다고 말할 수 없는 낡은 2층 돌집의 네 귀퉁이에 그 보다 더 오래 되었을 소나무와 사이프러스 나무가 웅장한 자태를 뽐내며 서 있다. 창가에는 갓 피어난 꽃 화분이 가지런히 놓여 있었다. 온갖 추억을 다 간직하였을 그 집 마당에는 더 이상 쓰지 않는 우물이 장식처럼, 또 멋있는 추억처럼 서 있었다. 더 이상 물을 긷지 않는 두레박과 함께!

집 옆으로 실개천이 졸졸 졸 흐르는 소리가 새소리와 함께 아름다웠고, 그 옆으로 끝없이 펼쳐진 밀밭, 포도밭에 밀과 포도가 눈 부신 햇살을 받아 익어가고 있었다. 바람은 은은하게 불어 담장을 넘어온 장미 한 송이를 흔들어 놓았고, 기분 좋은 사색을 하던 나그네는 갑자기 으르렁대는 개소리에 놀라 옆을 쳐다본다.

이탈리아의 집은 대부분 오래되었다. 오래되었지만 낡았다고 할 수 없는 집의 문이 열리더니 그 집에서 나서 자라서 결혼했을 할머니가 손주로 여겨지는 아이의 손을 잡고 나온다. 자고 일어나면 재개발을 하는 나라에서 온 나그네에게 중세의 집에서 사람들이 살고있는 것이 신기하게 생각되었다. 나는 눈이 마주치자 "차오!"하고 인사를 건넸지만 인사 소리는 굉음을 내며 지나가는 노란 페라리의 소음에 묻혀버리고 손을 흔들며 지은 미소만은 전달되었는지 아이의 고사리 손이 해맑은 미소와 함께 흔들린다.

저런 투박한 돌집과 구찌, 프라다, 페라가모나 베르사체의 디자인이나 선이 나왔을까 상상해본다. 날씨가 너무 좋아 집 밖에서 주로 시간을 보내는 이탈리아 사람들은 첫 월급을 타면 멋진 옷과 자동차를 먼저 장만한다고 한다. 그래서 이탈리아는 패션이 발달했다. 지중해 연안의 날씨는 축복과도 같다. 이런 날씨 속에서 자란 포도는 명품 포도주를 만들기에 부족함이 없어 보였다.

이렇게 아름다운 날씨라면 초로(初老)의 나라도 이탈리아 키톤의 장인 안토니오 드 마테이스가 한 땀, 한 땀 정성들여 만든 수트를 입고 구두의 장인 스테파노 베베르가 만든 구두의 광을 내 멋지게 꾸미고 산타마리노 향수를 은근히 뿌리고 아름다운 여인과 행복한 속삭임을 꿈꾸어 봄직도 하다.

세계적인 명성을 자랑하는 Made In Italy의 기반은 이탈리아 사회를 관통하는 장인정신과 아름다움을 추구하는 예술 감각에 있다. 한 나라에서 하나도 갖기 힘든 명품 브랜드를 수도 없이 갖고 있다.

명품 바이올린을 만든 아미티 가문에서 스트라디바리와 구아르네리

집안 출신이 일을 도우며 기술을 배웠는데 이들은 오래지 않아 독립하였다. 이 두 집안은 오늘날까지 바이올린 시장을 주도하는 명품 바이올린을 만들었다.

명품의 생명은 디자인과 색상이 전부가 아니다. 내구성과 실용성이다. 일시적인 유행이 아니다. 오래도록 지녀도 항상 변함없는 내구성이 필요하다. 오랫동안 변치 않는 가치를 예술로 승화시켜 기술에서 최고의 경지에 오른 명장의 예술혼을 담아 낸 것을 명품이라고 하는 것이다.

이탈리아 장인정신은 단순히 뛰어난 기술력과 높은 전문성에 있지 않다. 엄격한 가치와 원칙, 더 나은 제품을 만들기 위한 열정과 끊임없는 도전정신에 있다. 유연한 사고로 혁신과 변화를 적극적으로 추구한다. 기계화로 끊어진 인간과 자연의 관계를 복원하기 위헤 자연에서 영감을 얻어 손으로 정성껏 만든다. 장인은 최고의 기술자를 말하지만 '장인정신'은 여기에 예술적 감각을 더한 또 다른 차원의 이야기이다.

서로마제국 멸망 이후 이탈리아는 이민족에게 오랜 시달림을 받으면서 또 여러 작은 도시국가로 쪼개져 서로 싸우며 통일된 국가를 이루지는 못했다. 당연히 국가의식보다는 믿을 건 핏줄뿐이었다. 가문은 제일의 가치였다. 기술은 핏줄로 전해 내려왔다. 화려한 예술과 인문학의 발달을 가져온 르네상스 시대 때부터 키워온 이탈리아의 '장인정신'은 지금도 여전히 유효하다.

이탈리아가 통일된 것은 19세기 중엽의 일이다. 통일 전 이탈리아는 도시국가로 나뉘어 살았다. 로마는 이탈리아의 수도이지만 나폴리, 피렌체, 밀라노, 베네치아 등 도시국가들이 저마다의 독특한 전통과 문화를 자랑한다. 이탈리아는 중, 근대 때 도시국가들의 탄탄한 경제력과 상업의 발달로 통일왕국이 생기지 않았다.

이탈리아를 하나로 묶어낸 것은 가톨릭 신앙과 로마제국부터 르네상스에 이르기까지 오랫동안 인류사를 이끌어왔던 민족적 자긍심과 향수이다. 오페라의 명장 베르디는 수많은 명작 오페라를 남겼지만 '리골레토', '일트로바토레', '라트라비아타', '아이다', '오텔로'가 베르디의 5대 작품으로 통한다. 특히 베르디의 오페라 '아틸라'는 통일을 염원하는 이탈리아 국민들을 하나로 묶는 역할을 했다. 오페라 '아틸라'가 인기를 끌었던 이유는 아틸라의 훈족에 대항하는 이탈리아인의 의지를 담아냈기 때문이다. 그것이 국민의 애국심에 불을 질렀다. 그런 의지를 하나로 모아서 외세를 몰아내고 그로인해 통일을 이루어 낸 인물은 가리발디 장군이었다.

마라톤에도 특수 상대성 이론이 적용된다. 운동하는 물체는 정지한 물체에 비해 밀도가 높고 운동하는 물체는 시간이 천천히 흐른다는 이론이다. 그러니 흐르는 강물은 세월의 주름살을 절대 허용하지 않는다. 일급수에서만 사는 물고기처럼 고고하고 건강하게, 백두산 호랑이가 만주와 시베리아를 넘나들 듯이 지구를 가로지르며 평화와 통일의 염원을 발자국으로 찍어냈다.

육신을 벗어던진 듯, 신이 들린 듯, 조각배에 몸을 싣고 태평양을 횡단하듯 유모차를 밀며 3백여 일을 달렸다. 내 몸의 근육의 밀도와 평화에 대한 소망의 밀도, 통일된 조국을 자손들에게 물려주어야겠다는 신념의 밀도가 높아졌다. 그것이 아름다움으로 승화하여 소리가 되어 세상에 번져나가기를 바라면서, 오늘도 나는 스스로가 명품이 되려고 비지땀을 흘린다.

우리에게도 베르디는 얼마든지 있고 가리발디는 얼마든지 있으니 '명품 평화 통일'은 멀리 있지 않다.

78 나의 '불멸의 연인'

한국에서 민성효 교무를 비롯해서 송인엽 교수, 노동길 대표와 산오락회의 조애란, 김강곤, 가야금의 하소라 등 공연단이 17명이나 와서 로마시청에 들어서는 발걸음에 힘을 실어주었다. 많은 관광객이 운집한 베네치아 광장에서 로마 시장을 대신하여 대외협력 국장이 나와서 우리 일행을 맞이했고 산오락회의 조애란, 김강곤 씨와 가야금 연주자 하소라 씨가 즉석 버스킹을 열어 시민들의 열렬한 박수를 받았다.

멀리 로마의 하늘이 보이자 나는 잔뜩 긴장하는 자신을 느낄 수 있었다. 반짝이는 눈망울로 사방을 응시했다. 곧 눈망울의 초점은 아주 멀리로 날아갔다. 그것은 나의 사색의 심연이자 나의 뿌리의 밑동이었다.

로마에 들어서자 나는 오랫동안 사모하는 나의 '불멸의 연인'의 집 주변을 맴돌며 달빛창가에서 세레나데를 부르다 드디어 나의 불멸의 연인의 부모의 허락을 받고 집안으로 초대를 받아 들어서는 설레임이었다. 오랫동안 담장 주변을 맴돌며 슬쩍슬쩍 담 너머 집 안을 엿보았기 때문에 전혀 낯설거나 어색하지가 않았다. 나는 유부남이지만 불멸의 연인을 향한 열망을 놓지 않았다. 그것은 미완성일 수밖에 없는 삶을 완성하고픈 열망의 표현일지도 모른다.

고대 로마시대를 배경으로 한 유대인 청년의 파란만장한 삶을 통해 신의 섭리를 그린 작품 '벤허'와 오드리 헵번의 상큼한 매력을 마음껏 뽐내는 '로마의 휴일'에서 '진실의 입'이라는 돌 조각상의 입에 손을 넣을 때 거짓말을 하면 손을 물어버린다는 말에 손을 넣지 못하던 장면에서 보던 트레비 분수대, 그리고 글래디에이터를 통해 보았던 로마 원형극장을 보았다. 그 외에도 알게 모르게 많은 영화나 드라마의 배경으로 나오는 로마에 익숙해 있었다.

사람들은 삶에 의미를 부여하기 위해 이야기를 만들어내고 또 이야기를 찾아다닌다. 그리스로마 신화를 통해서, 늑대의 젖을 먹고 자라서 로마를 건국한 이야기, 기독교가 전파된 역사와 네로 황제의 불장난 등을 익히 알고 있다. 로마자를 배웠고, 로마 숫자가 표시된 손

목시계를 차고 다녔다. 애수에 젖은 듯, 속삭이듯 하면서도 정열적인 칸초네를 들으면서 이태리 명품 옷이나 가방을 자랑하듯 입고 다니는 사람을 부러워하면서도 애써 무시하면서!

늘 담 너머에서 엿보던 로마여서 친숙할 줄 알았다. 실제로 안에 들어 와보니 밖에서 생각하는 것보다 더욱 웅장하고 거대했으며 천여 년 전에 지어진 도시라기엔 믿어지지 않을 만큼 경이로웠다. 자연스럽게 뉴욕과 비교하게 됐지만 뉴욕은 로마에 비하면 아무것도 아니었다. 이런 제국도 결국 무너지는 것이 또한 역사가 가르치는 교훈이다.

작가 세르반테스의 "로마는 하루아침에 이루어지지 않았다."는 말을 교훈처럼 들었다. 그 후 로마는 5백여 년 장기간의 투쟁을 통해서 하나의 도시국가가 거대한 대제국으로 이뤄진 과정을 공부했었다. 그는 또 "로마에 가면 로마 사람들이 하는 것을 보고 그대로 하라."라는 명구를 '돈키호테'에서 남겼다. 나는 로마에 결코 하루아침에 오지 않았다. 장장 311일이 걸렸다. 그동안 많은 사람과 만나서 기쁨도 얻었지만 많은 고통과 역경을 이겨낸 것도 사실이다.

거대한 공룡의 뼈 같이 화석이 된 아득한 제국 로마에 들어오니 로마병정의 아련한 함성이 들려오는 듯했다. 한국에서 민성효 교무를 비롯해서 송인엽 교수, 노동길 대표와 산오락회의 조애란, 김강곤, 가야금의 하소라 등 공연단이 17명이나 와서 로마시청에 들어서는 발걸음에 힘을 실어주었다. 많은 관광객이 운집한 베네치아 광장에서 로마 시장을 대신하여 대외협력 국장이 나와서 우리 일행을 맞이했고 산오락회의 조애란, 김강곤 씨와 가야금 연주자 하소라 씨의 즉석 버스킹을 열어 시민들의 열렬한 박수를 받았다.

그리고 이어서 모든 사람이 바티칸까지 '평화의 행진'을 했다. 가다가 중간에 누가 아이스크림 하나씩 먹고 가자고 하여 파라솔 아래 앉아 아이스크림을 먹고 있는데 지나가던 이태리 남자가 조애란 명창을 보더니 "뷰리풀!"하고 탄성을 지르고 간다. 갑자기 조애란 명창의 얼굴에 기쁨의 미소가 폭염에 아이스크림 녹아 흐르듯 흘러내렸다.

질투심에 불타오른 나는 "이태리 남자는 다 카사노바인데 지나가면서 툭 던진 말에 그렇게 좋아하느냐고 핀잔을 주었다." 돌아서니 입장 바꾸어 생각해도 기분 좋을 것 같았다. 나라도 지나가던 바람기 줄줄 흐르는 이태리 여자가 "멋져요!" 한마디 하고 지나가도 석 달 열흘 기분 좋았을 것 같다.

테베레강은 로미의 중심을 가로지른다. 도시의 역사에서 강은 아주 중요한 역할을 한다. 그러나 이 강은 모든 대도시를 가로지르며 흐르는 웅장한 강과는 거리가 멀다. 한때 세계를 호령했던 대제국의 수도를 가로지르는 강치고는 채신머리없어 보이기까지 했다. 제국의 도시에 풍요를 가져다주기에는 그 규모가 너무나 작다. BC 78년 로마제국은 테베레강을 기반으로 일어나서 서양문화를 축축이 적시며 꽃을 피워낸 강이다.

2천 년 전에 지어졌다고 믿기지 않는 콜로세움, 포로로마노, 수많은 문화유산을 지나 드디어 성베드로 광장으로 들어가는 다리를 건넌다. 바로 옆에 천사의 성으로 들어가는 천사의 다리가 있다. 베드로광장에서 마지막 마무리 행사를 하고 교황청에서 나오신 한형택

신부님의 안내로 성 바오로 성당에 가서 역대 로마 황제 대관식을 치르던 자리에 서보았다.

나는 지금 독일의 역사가 랑케가 "모든 고대사의 개울이 호수로 흘러들어가듯이 로마의 역사로 흘러 들어갔고, 모든 근대사는 다시 로마로부터 흘러나왔다."고 말한 것처럼 지금 로마로 가슴에 '평화의 씨앗'을 품고 흘러 들어가고 있다. 바람 불면 날아갈까, 추우면 얼어붙을까, 더우면 녹아버릴까, 비 오면 떠내려갈까 노심초사 달려왔다. 고대 서양 문명의 중심지 로마에 평화의 씨앗을 심고 가겠다는 일념 하나로 달려온 길이다. 지중해 좋은 햇살 받아 잘 싹이 트고 좋은 열매 맺기를 염원하면서 예수님과 열두 제자 상이 지붕 위에 장엄하게 서 있는 바티칸 광장에 심고 가겠다.

전쟁은 인류의 오랜 고질병이다. 많은 분쟁에 바티칸도 책임이 없다고 말할 수 없지만 왠지 이곳에 '평화의 씨앗'을 뿌리면 잘 발아될 것 같다. 인류는 태초부터 전쟁을 해왔지만, 수천 년 동안 종교는 전쟁의 많은 이유 중 중요한 이유였다. 역사는 종교적 신념을 강요하기 위해 무력 사용을 서슴지 않은 것을 증명하여 보여준다. 그것은 많은 부분에 영향을 끼쳐왔다.

오랜 분쟁과 미움을 용서와 화해로 바꾸는 일에 모든 종교가 적극적으로 나서주기 바란다. 출렁이는 파도처럼 느닷없이 다가와서 덧없이 사라지는 사랑이 아니라 지속 가능한 용서와 화해를 위하여 기도한다.

이제 로마에 뿌려진 '평화의 씨앗'이 잘 발아되어 한반도 질곡의 상징인 판문점에 다시 옮겨 심어 좋은 열매 맺기를 기원한다. 왠지 성 바오로 성당의 지붕 위에 있는 예수님과 열두 제자 상이 '기도발'이 잘 받는 영험한 자리일 것 같다. 나는 '불멸의 연인'의 달빛창가에서 간절한 마음으로 세레나데를 부르듯 간절한 마음으로 기도한다.

79 교황님 알현

이 자리에 오기까지, 이 자리에 와서 나와 우리 겨레의 간절한 소망을 교황님께 전
하기까지, 이번 크리스마스 미사는 꼭 판문점에서 집전해 주십사 하는 그 한 마디
전하기까지 얼마나 많은 고통과 난관과 위험을 감수했던가.

이른 새벽 창문을 열고 고풍스럽고 웅장한 로마에 떠
오르는 태양을 응시한다. 오늘 벌어질 일을 생각하느라
지난 밤 설레임에 잠을 설쳤다. 다시 이미 추억이 되어
버린, 여기에 오기까지의 여정을 응시한다. 성치 않은 몸으로 거친 여
정이었다. 지난번만 한 응원도 호응도 없었다. 중간에 포기하는 것도
용기라는 소리도 많이 들었다. 뚝심 하나로 헤쳐 온 여정이었다.

고통도 지그시 응시하다 보면 거기서 환희의 감정이 생긴다. 햇볕이
은총처럼 화사하게 내리쬐는 바티칸 광장이 내려다보이는 연단에는 교
황님이 소년처럼 맑은 미소를 띠고 앉아계셨다. 이 자리에 오기까지,
이 자리에 와서 나와 우리 겨레의 간절한 소망을 교황님께 전하기까지,
이번 크리스마스 미사는 꼭 판문점에서 집전해 주십사 하는 그 한 마디
전하기까지 얼마나 많은 고통과 난관과 위험을 감수했던가.

교황님 알현을 위해서는 긴 바지에 긴 소매 옷을 입고 가야 해서
핑계김에 이태리 양복 한 벌 구입하려 했지만, 교황청으로부터 나는
특별히 뛰어온 그대로의 복장을 입고와도 된다는 연락이 와서 명품
양복 구입의 소망은 산산조각이 나고 말았다. 명품 양복을 입고, '로
마의 휴일'의 그레고리 펙 처럼 머릿기름을 바르고 멋지게 교황님을
알현하는 꿈은 산산조각이 났다. 그러나 런닝복을 입고 구릿빛 얼굴
에 야생의 눈처럼 번득이는 눈동자로 교황님을 알현하며 '명품 통일'
을 교황님과 함께 꿈꾸는 것만으로도 멋진 일이다.

6월 말의 태양이 머리 위에서 내리쬐어 가만히 앉아있어도 땀이
뻘뻘 난다. 30만의 군중을 수용할 수 있는 성 베드로 광장 위의 연단

바로 옆에 앉아 이태리의 명품 하늘처럼 해맑은 교황님의 미소를 지근거리에서 바라보는 것만으로도 큰 기쁨이 몰려온다.

"부활하신 주님의 선물이자 모든 민족의 열망인 평화가 죽음의 씨앗을 뿌리는 증오와 무기의 굉음을 이기고 모든 민족이 사랑에 바탕한 새로운 문명을 알게 하소서!"란 그의 기도를 묵상하며 그간의 고통과 어려움을 생각했다. 나는 명품을 아무것도 소장한 것이 없지만 내 발자국 한 걸음 한 걸음이, 이태리 장인의 한 땀 한 땀 정성들인 명품처럼 자랑스러운 뿌듯함으로 남는다.

성 베드로 성당은 로마 가톨릭의 총본산으로 가톨릭 신자에게 가장 성스러운 곳 중 한 곳이다. 성 베드로의 묘지 위에 세워진 이 대성당은 세계에서 가장 큰 규모의 종교 건축물이기도 하다. 바티칸이 유명한 것은 종교적 이유도 있지만, 이 성당 안에 세계적으로 손꼽히는 뛰어난 예술품과 건축물들이 있기 때문이기도 하다. 이 대성당은 세계적인 예술가 라파엘로와 미켈란젤로를 비롯해 베르니니, 마데르나, 브라만테 등의 천재적 예술성이 결합된 산물이다.

박물관처럼 수많은 예술작품이 있지만 가장 큰 인기를 끄는 것은 미켈란젤로의 천지창조이다. 이 작품이 그려진 천장 아래 서면 쏟아지는 압도감에 할 말을 잃을 정도이다. 성 베드로 성당은 르네상스와 바로크 미술의 걸작으로 가득 차 있다. 그다음으로 눈에 띄는 것은 피에타상이다. 예수의 늘어진 시신을 안고 있는 마리아의 모습에서 애절한 슬픔이 그대로 묻어 나온다. 대성당의 한복판에는 역대 로마황제들의 대관식이 거행되었다는 원형이 있다. 나도 그 자리에 서보

앉지만 아무 감흥이 없다.

　동공이 크게 열린 눈으로 두리번거리며 사진 촬영을 하면서 자리에 앉아있으니 교황은 전용차를 타고 광장 곳곳에 모인 사람들과 인사를 나누며 입장하고 계셨다. 광장 한 가운데에는 오벨리스크가 우뚝 솟아있다. 이 오벨리스크는 고대 이집트에서 태양 숭배의 상징으로 세워진 기념비이다. 그것을 서기 40년 칼라굴라 황제가 이집트에서 약탈해온 것이다. 교황 전용차는 연단에서 멈추었다. 교황이 차에서 내리시는데 경호원들의 부축을 받으며 걸음을 걸으셨지만 염려했던 것보다는 비교적 건강이 좋아 보였다.

　사실 지난 2017년 아시럽 횡단 후 북한 입국이 불허된 이후에 나는 좌절에 빠졌었다. 그때는 남북 두 정상이 통일의 의지를 보이며 통 큰 결단으로도 아무것도 할 수 없는 분단 현실에 절망했었다. 남북 두 정상이 결심을 해도 안 풀리는 문제를, 나 하나 용 쓴다고 무슨 도움이 되겠나? 남북문제는 이미 얽히고설켜서 바이든이나, 푸틴, 시진핑이 발 벗고 나서도 풀기 어려운 난제가 되어버렸다. 좌절에 빠져있는 동안 몹쓸 병이 또 나를 망가뜨렸다. 뇌경색에 무너져 반신불구가 되었다.

　처절하게 절망할수록 새로운 세계에 대한 동경이 커지고 꿈을 키우는 법이다. 희망은 절망의 호두 껍데기 안에 숨어있는 알맹이다. 단단한 껍질을 벗겨야 그 고소한 속을 내어주지! 그러다가 시상처럼 떠오른 생각이 바티칸까지 뛰어가자는 것이었다. 교황님께서 판문점에 오셔서 크리스마스 미사를 집전하는 순간 한반도 질곡의 상징인 판문점은 '분쟁과 전쟁과 미움'을 녹여내는 가장 뜨거운 장소가 되어

버릴 것이다는 생각이 들었다.

나는 원불교 신자이지만 종교의 담을 뛰어넘는 획기적인 것이 필요했다. 필요하다면 어떤 장벽이라도 뛰어 넘어야 했다. 나는 무엇이라도 해야 했다. 그래서 제주도 한라산 백록담에서부터 절룩절룩 걸음을 시작했다. 물론 남들은 다 불가능하다고 했다. 건강한 몸으로도 상상하기 힘든 길인데 그 몸으로는 안 된다고 했다.

거기다 교황도 연로하시고 건강이 안 좋으셔서 양위하신다고 하는데 가도 못 만난다고 했다. 가능성이 1%도 안 되지만 내가 할 수 있는 일이 이것밖에 없어서 시작했다. 거기다 온전하지도 않은 몸이라도 통일에 바쳐진다면 그보다 명예로울 수도 없었다.

프란체스코 교황이 탄 휠체어가 내 앞에 섰다. 유난히 흰 피부가 광채가 난다. 위압적인 광채가 아니라 부드럽고 인자한 광채이다. 이마는 넓었으며 친근한 미소가 잔잔하게 흐르고 시선은 마주하고도 한참을 견딜 만큼 사랑이 듬뿍 담겼다. 교황의 환한 미소를 올려 보는 순간 나의 불안한 꿈은 밝은 희망이 되는 것 같았다. 얼마나 수양을 쌓았기에 어린아이와 같은 순진함과 열락의 표정이 얼굴에 깊이 새겨졌을까? 기품에 놀라움과 함께 저절로 무릎이 꿇어지는 존경심이 우러나왔다. 얼마나 이 순간을 기다려왔던가? 가슴이 마구 뛰었다. 내미는 손을 잡으니 따스함이 전해온다.

나는 영문으로 준비해간 서신을 전하면서 "꼭 건강하셔서 크리스마스 미사를 한반도 질곡의 상징인 판문점에서 집전해 주십시요!"라는 말을 하는 동안 교황님이 정성이 담긴 눈동자를 내게 고정하시고 듣더니 고개를 끄떡이셨다. 그리고 민성효 교무님이 준비해주신 원불교의 표상인 일원상과 강화도 교동도의 실향민 이범옥 시인의 시 '격강천리라더니'를 전달하였다.

한반도 평화에 큰 관심을 보여주신 배경에는 유흥식 추기경님의 역할이 컸다. 실천하는 성직자로서 늘 낮은 데로 임하시는 소탈한 모습과 저개발국과 북한 지원, 평화를 위한 한결같은 열정이 나의 발걸음에 힘을 주었다. 이번 여정에서 그 분을 못 만나고 가는 것은 못내 아쉬움으로 남는다. 며칠 전 그 분의 남미 출장으로 일정이 맞지 않아 미안하다는 이메일을 받은 터였다. 대전교구에 계실 때 민성효 교무님과의 친분이 가교 역할을 할지도 모른다는 희망을 주었다. 실낱같은 희망이 이 성 베드로 성당에서 이태리 명품 하늘의 햇살처럼 환하게 반짝였다.

어쩌면 나는 우리의 가장 늦은 통일을, 가장 아름다운 명품 통일을 일구기 위하여 수십 번도 더 불구덩이 같은 고통의 길을 걸어가야 할지 모른다. 우리가 겪고 있는 모든 부조리와 불공정의 대부분이 분단에서 오기 때문이다. 분단의 아픈 고리를 어떻게 해서든지 우리 세대에는 끊고 가야하기 때문이다.

이제 다시 이렇게 힘들고 위험한 여정을 감당하기는 힘들 것 같다. 하지만 평화에 대한 열정이 가슴에 남아 있는 한 또 다른 여정이 나를 기다릴 것이다. 오늘 성 바오로 성당을 가득 메운 태양을 가슴 속에 영원히 간직하리라. 평화의 열정을 품고, 내가 서 있는 그곳에 태양은 가득할 것이다.

평화를 찾아 달려서 바티칸으로 2

지은이   강명구
발행처   열린서원
발행인   이명권
발행일   제1판 제1쇄 2024년 5월 15일
주   소   서울특별시 종로구 창덕궁길 117, 102호
전   화   010-2128-1215
전자우편   imkkorea@hanmail.net
등록번호   제300-2015-130호(1999년)

값 15,000원
ISBN 979-11-89186-47-0 03440